U N L E A S H E D

The Unapologetic Leader's Guide to Empowering
Everyone Around You

「個の力」を最大化し、
組織を成功に向かわせる技術

世界最高のリーダーシップ

著
ハーバード・ビジネススクール教授
フランシス・フライ
ジーンピークスCEO
アン・モリス

訳
桜田直美

PHP研究所

アレックとベンへ

あなたの中にある
最高の部分が解き放たれ、
あなたが他者を自由にする
聖なる喜びを味わえますように。

UNLEASHED
The Unapologetic Leader's Guide to Empowering Everyone Around You

by Frances Frei & Anne Morriss

Published by arrangement with Harvard Business Review Press
through Tuttle-Mori Agency, Inc., Tokyo

現代におけるリーダーシップ論の決定版が、それがもっとも必要とされているときに届けられた。新鮮で、遊び心に満ちあふれ、どこまでも単刀直入な語り口で、自分自身を超えた先にある真のリーダーシップについて教えてくれる。それは、他者の力を解き放ち、その潜在能力のすべてを発揮させることだ。

――アリアナ・ハフィントン　スライブ・グローバル創業者兼CEO

著者のフランシス・フライとアン・モリスは、リーダーや企業を相手に教える仕事を幅広く行ってきた経験から学んだ知見を生かし、信頼こそが競争力の源泉であり、効果的で幸せなチームをつくるカギであることを証明した。

――ダグ・マクミロン　ウォルマート社長兼CEO

心をつかむ実話で学ぶ効果的なリーダーの資質。あなたがリーダーシップの旅のどの地点にいようとも、この本から学び、他者をエンパワーして永続的な影響を与えるリーダーになれるだろう。

――ペギー・ジョンソン　マイクロソフト・ビジネス開発執行副社長

この本から学び、自らの成功は究極的にチームの決断と行動の中にあると理解するリーダーになることが、会社を拡大させる唯一の道だ。

——ジェン・ウォン　レディット最高執行責任者

職場での愛を語ることはまだ一般的ではないが、そうなるべきだ。職場における幸福と、高い生産性の根底には愛がある。未来に向けてもっとも効果的なリーダーになることを目指しているすべてのリーダー必読の書。

——ミゲル・マッケルビー　ＷｅＷｏｒｋ共同創業者兼最高文化責任者

リーダーが自分自身の潜在能力、そしてチームとビジネスの潜在能力を解き放つにはどうするか。フライとモリスはその答えを知っている。本書の教えは、私にとっても、私が一緒に働くリーダーシップチームにとっても欠かせないものだ。

——ジャッキー・キャニー　ＷＰＰ最高人材開発責任者

フライとモリスはリーダーシップの真髄（しんずい）を抽出し、きわめて説得力の高いリーダーシップ論を展開している。私は本書で学べる物語や枠組みのおかげで、よりよい人間になり、よりよいリーダーになるという人生の目標に向かって前進することができた。

――マーク・メリル　ライアットゲームズ共同創業者兼共同会長

普通ならリーダーが長い年月をかけて学び、その過程でたくさんの失敗を経験するようなことを、フライとモリスはコンパクトにまとめて届けてくれた。この本は読者にとって、成功したリーダーシップへの青写真だ。私も個人を率いる存在からチームを率いる存在へと移行し、そしてリーダーシップの主役は自分ではないと気づくまでの時期に、この本を読んでおきたかった。

――ジェニファー・モーガン　SAP共同CEO兼執行委員会メンバー

ブレークスルーの最初の一歩は自己実現だ。そして次の一歩は、本書からキャリアを飛躍させる教えを学ぶことだ。

――ボゾマ・セント・ジョン　エンデバー最高マーケティング責任者

もしあなた自身が自由であるなら、他の誰かも自由にしなければならない。それがあなたの本当の仕事だ。そしてあなたに何らかの力があるなら、他の誰かにも力を与えなければならない。

――トニ・モリスン『オー・ジ・オプラ・マガジン』より

世界最高のリーダーシップ

「個の力」を最大化し、組織を成功に向かわせる技術

目次

第1章 リーダーシップの主役はあなたではない

第1部 存在のリーダーシップ

第2章 信頼――信頼を失うリーダー、信頼を得るリーダー 57

第3章 愛――古今東西の偉人に学ぶ「正義のリーダーシップ」 102

第2部 不在のリーダーシップ

第5章 戦略――組織の隅々まで浸透させるリーダーシップ 219

第6章 文化――未来を創るリーダーシップ 265

第1章 リーダーシップの主役はあなたではない

リーダーシップとは、自分の存在によって他者をエンパワーすること——そして、自分が不在になってもその影響力が永続するようにすることだ。

リーダーシップに関する本はそれこそ山のように出ている。その多くはすばらしい本だ。私たち人類は、太古の昔から偉大なリーダーシップの秘訣やそのあり方について延々と考えてきた（これについてはまた後で見ていこう）。

それなのに、なぜわざわざ本書を読まなければならないのか？

周りを見わたしてみれば、その答えがわかってもらえるはずだ。

率直に言って、**今あるリーダーシップのモデルでは、私たちが直面する挑戦に対応できない場面が増えてきた**からである。

メンバーと強固な信頼関係を築くにはどうすればいいのか？

組織全体、さらにはそれを超えたスケールで、人々の潜在能力を解き放つ方法は？

伝統的なリーダーシップ論では、それらの問いに対する答えにはならない。リーダーシップをマラソンにたとえるなら、最初の数キロは今のままでも走れるだろう。しかしいずれ息切れし、ゴールラインにたどり着くことはできない[a]。

ここでの〝問題〟を謹んで申し上げるなら、それはリーダーが自分のことばかり考えてきたことだ。自分はリーダーとしてどんな才能があり、どんな欠点があるのか。自分にはリーダーに必要な自信があるのか、それともないのか。自分がリーダーとして経験した、勇気と直感を発揮した英雄的な瞬間――そしてもちろん、手痛い失敗もある。

私たちがリーダーシップについて語るときにもっとも重要な存在は、いつでもリーダーその人だった。それにはもちろん理由があり、誰もがいい物語を求めているというのも理由の1つだ。私たちが求めているのは、「ビジョンを持ち、戦略を立て、仲間を率いるリーダーの物語」だ。

しかし本書では、違う視点を提供したい。

まず前提として確立しておきたいのは、**「リーダーシップの主役はリーダー本人（つまりあなた）ではない」**ということだ。

リーダーに求められる資質は、他者をエンパワーし、彼らの才能を解き放つ能力だ。効果

(a) この本にはあまり巧みとはいえないスポーツのたとえがたくさん登場する。これはその1つ目だ。

的なリーダーになりたいのであれば、まず自分の外に目を向けなければならない。

次の質問について考えてみよう。

職場にあなたがいるときといないとき、チームのメンバーや同僚の仕事がはかどるのはどちらだろうか？　あなたがいるときのほうが、生産性が上がり、仕事熱心になるだろうか？たいていの人は、この質問に「ときどきはそうだ」と答える。どんなに経験豊かなリーダーでも同じだ。経歴や地位に関係なく、あらゆるリーダーはほとんどの場合、他者に力を発揮させる理想的な環境をつくることができないようだ。そして、メンバーの成功を完全にコントロールするレバーを持っているリーダーもほとんど存在しない。

この問題を解決するために手を差し伸べる。それが本書の目指すゴールだ。

リーダーの日常は「地味」

さて、著者たち自身について少しお話しさせてほしい。われわれは学者であり、著述家、コーチ、起業家、楽観主義者、そして（最高のコンディションの日であれば）行動に向けてアクセルを踏む存在だ。

ウーバー、ＷｅＷｏｒｋ、ライアットゲームズなどの世界有数の影響力を誇る企業や、Ｓ

APのジェニファー・モーガン、ウォルマートのダグ・マクミロン、そしてどこでも好きなところで活躍できるボゾマ・セント・ジョンといった名だたるビジネスリーダーたちと共に仕事をし、変化の仲介者になるという栄誉にも恵まれた。

しかし、著者たちの本質は教育者であり、だからこそリーダーシップについての本を書きたいと考えるようになった。著者たちが現実の世界で変化を起こす過程で学んだことは、リーダーを目指すすべての人にとって役に立つはずだ。

世界がますます複雑になり、誰もが問題の大きさに押しつぶされそうになっている今の時代は、リーダーシップについて学ぶことが特に大切になる。大きな問題に果敢に挑戦し、よりよい世界を築くことを目指している現代のリーダー、そして未来のリーダーの助けになることが、著者たちのもっとも重要な責務であると考えている。

著者たちは2人とも、かなり若いころからリーダーシップという概念に興味を持っていた。フランシスにとって、そのきっかけはスポーツだった。

コーチはどうやって選手の能力を引き出すのか？　そして選手同士は、コートの中や外でどうやってお互いを高め合うのか？　勝利の喜びと敗北の悔しさが、どうやってすべての人の能力を高めるのか？

そしてアンにとってのきっかけは、奇妙に思うかもしれないが、わずか9歳でアメリカの独立戦争に興味を持ったことだ。あまりにも好きが高じて、独立戦争の兵士の扮装をしたり、ポール・リビアの「真夜中の騎行」を再現したりしていたという。(b) 著者たちは一風変わった子どもだった。

スポーツでも独立戦争でも、子どもだった著者たちの心をとらえたのは、ときに詩的で、息をのむようなリーダーシップの瞬間だ。ゴールに向かって一直線に進むマイケル・ジョーダン。あるいは、たとえ敵方の兵士であっても法廷で弁護するジョン・アダムズ。彼が貫いたこの原則こそが、アメリカという新しい国家の礎(いしずえ)になった。

彼らはみな、人間の限界を超え、より大きな何かを追い求めた人たちだ。彼らの教えは時代を超えて受け継がれている。たとえ何百年もの時が流れても、目を大きく見開き、口をぽかんと開け、特に人それた夢も持っていない小さな女の子たちに影響を与えることができるのだ。

著者たちにとって、リーダーになるとは、「ビー・ライク・マイク」、すなわち「マイケル・ジョーダンのようになれ」ということだった。そんなことはとても実現できそうにない。しかし、著者たち自身もスポーツを始め、そして自分なりの方法で小さな革命を起こすようになってわかったのは、リーダーシップとはそんなに単純なものでも、美しいものでもないということだ。

1人の超人が空を舞うのがリーダーシップではない。本当に大切なのは、それ以外の人たちがコートの上で何をするかということだ。

組織やチームづくりについて学ぶにつれて、リーダーの日常は意外と地味だということがわかってきた。子どものころに夢中になったリーダーシップの物語に比べるとかなり平凡で、特別なドラマも起こらない。

リーダーの日々の仕事とは、たとえば期待通りの成果を上げられていない同僚と率直に話し合ったり、まだ実力が未知数の人物に賭けてみると決断したりすることだ。あるいは、上司のオフィスに向かって長い廊下を歩き、「データをあらゆる角度から分析したところ、今の戦略はうまくいっていない」と告げることだ。

たしかにリーダーの仕事にリスクはつきものだ。しかし、真夜中に馬を走らせてイギリス軍の到来を告げたり、試合終了のブザーと同時に逆転のシュートを決めたりするようなギリギリの仕事はごくたまにしかない。自分の成功が大観衆の拍手喝采で迎えられることとなると、さらにまれだろう。

（b）真夜中に寝ぼけ眼で「イギリス軍が来るぞ！」と叫び、一緒に寝ていたきょうだいを起こしてしまったこともある。

グーグル幹部候補が直面した失敗と挑戦

著者たちは、よりよいリーダーと組織のためにキャリアを捧げてきた。その経験から学んだリーダーの原則は、もしかしたらあなたの想像には反するかもしれない。

リーダーの真の仕事は、「感心されること」ではない。周りから愛されるとか、怖がられるとか、賢い人だと尊敬されることでもなければ、ライバルの台頭を心配することでもない。もちろんそういったことが意味を持つ場面もあるが、リーダーシップを発揮するうえで、あなたが「主役」を演じることはない。

くり返すが、リーダーシップの主役はリーダーではない。リーダーに求められるのは、他者をエンパワーし、彼らの才能を解き放つ能力だ。それ以上でも、それ以下でもなく、これこそがリーダーシップの秘訣だ。

ここで、著者たちが使っているリーダーシップの定義を紹介しよう。

「リーダーシップとは、自分の存在によって他者をエンパワーすることだ。そしてその影響力が、自分が不在の状況でも続くようにすることだ」。（注1）

あなたの仕事は、周りのメンバーが最高の力を発揮できる環境をつくりだすことだ。それは彼らと一緒に前線に立つときだけにとどまらない。自分がその場にいないとき、そして（これがリーダーにとって究極のテストだ）自分がそのチームを完全に去ってからも、自分の残した文化が永続するようにしなければならない。

この考え方は、リーダーとしての責務が重くなるほど重要になる。ステイシー・ブラウン＝フィルポット（タスクラビットCEO。ブラウン＝フィルポットはこの後にも登場する）は、14人のメンバーを率いる仕事から始め、最終的に1000人以上を率いることになった。そのとき彼女が気づいたのは、リーダーシップに対する考え方を変えなければならないということだ。（注2）

当時、ブラウン＝フィルポットはグーグルで働いていた。戦略に長けた、結果を出すリーダーとしてすでに名前が知られていた。シェリル・サンドバーグが率いるオペレーション・チームのメンバーで、まさにトップに上り詰めようとしていたころだ。

アフリカ系のグーグル社員を集めた「ブラック・グーグラーズ・ネットワーク」の設立を計画し、「グーグルではアフリカ系社員の声が適切に反映されていない」とサンドバーグに直訴したこともあった。グーグルがアフリカ系プロフェッショナルの採用と雇用維持、そして彼らのネットワークづくりに力を注げば、会社全体の成長にもつながると信じていたからだ。

サンドバーグの返事は、「それなら自分でやったらいい」だった。「それはあなたの仕事

ね。あなたこそ、まさにあなたが求めていた人材でしょう」(注3)

ブラウン＝フィルポットは、そのころからすでに「ロックスター」(あえて専門用語を使うなら)だった。それでも直属の部下から報告を受けるたびに、言いようのないもどかしさを感じていた。彼女は自分の意図をわかりやすい物語にして伝え、明確なアジェンダ(達成したいことの10のリスト)も持っていたが、せっかくミーティングを開いても、部下にきちんと伝わるのはそのうちの1つだけだ。彼女にとって、これはリーダーシップの失敗だった。

そんなステイシー・ブラウン＝フィルポットに転機が訪れたのは、自分の役割に対する考え方を変えたときだ。「このミーティングで大切なのは、ステイシー、あなた自身ではない。あなたが率いている人たちこそが主役なんだ」(注4)。彼女の言葉を借りると、自分がリーダーとして成功するために必要なことは何かと考えるのをやめ、周りの人たちが成功するために自分は何をするべきかと考えるようになったということだ。

こうやって視点を変えた結果、彼女はテック業界のトップに躍り出ることができた。この業界で、ピープル・オブ・カラー(白人以外の有色人)の女性がトップに立つことはめったにない。

視点を他者に向けよ

この視点からリーダーシップを眺めるなら、大切なのは組織のトップの人たちがしていることではなく、それ以外の人たちが何をしているかということだ。リーダーが下した決断よりも、リーダーのオフィスの外どころか、会社の建物の外で下された決断のほうが大きな意味を持つ。

リーダーであれば、力と決定権の移譲を意図的に行わなければならない。そしてその結果に対して全面的な責任を負う。

決断するのはつねに他者であり、リーダーであるあなたの仕事は、彼らが正しい決断を下し、組織のビジョン、価値観、戦略を反映した選択をする環境を整えることだ（コラム「『自分が中心』になっているかもしれない10のサイン」を参照）。

言い換えると、リーダーのミッションとは、チームの全員（それが誰であろうと）が大きな成功に向けて闘うチャンスを持てるようにすることだ。これはいつの時代でも大切な原則だが、巨大な課題が立ちはだかり、環境が目まぐるしく変化し、物事が恐ろしいほど複雑化している今の時代は、特に大切にしなければならない。

現代のリーダーに求められるのは、鏡に向かって歯に食べかすがついていないか確認することではなく、周りの人たちの靴下がだらしなく下がっていないか確認することだ。

COLUMN

「自分が中心」になっているかもしれない10のサイン

リーダーシップとは、他者のニーズ、実力、潜在能力のために働くことであり、必要があれば即座に、そして戦略的に対応することだ。つねに自分が中心になっていては、その役割を果たすことはできない。「自分が中心」の罠に陥って（おちい）いるかもしれない10のサインを見ていこう。

1、他者が経験していることを自分も経験することがめったにない

他者をエンパワーするリーダーへの道は、他者の考えていること、感じていること、していることに対する興味から始まる。自分の経験だけに関心があるなら、真のシーダーシップへの道のりはまだ遠い。

2、あまり質問をしない

他者に興味を持っているかどうかは、他者への質問の数、あるいは最低でもしたいと思っている質問の数で決まる。何かを尋ねたいという欲求がそれほどわいてこないのであれば、それはほぼ自分のことしか考えていないからだ。

ここでのいいニュースは、すぐに実行できる解決策があること（彼らのところに行って

何か質問すればいい！）、そして質問をするという行為には大きな見返りがあることだ。彼らのことを知れば知るほど、彼らがさらに興味深い存在になる。

3、他者が自分をどう思っているか、がいちばん気になる

人は誰でも、自分が周りからどう見られているか気になるものだ。しかし、そればかり気にしていると、それ以外に周りが考えていることに興味がなくなってしまうだろう。他者のアイデア（あなた自身にはまったく関係のないアイデアも含む）に興味が持てないのなら、まだリーダーを名乗る資格はない。

4、自分の弱点、限界、不完全な点のカタログを更新してばかりいる

大声で自分を責める内なる声はリーダーシップの妨げになる。ここでは、著者たちの友人であるアリアナ・ハフィントンのアドバイスに従い、その意地悪なルームメイトをあなたの頭から追い出さなければならない。それらのネガティブな主張に正当な根拠はほとんどない。

5、有能な他者を見ると気分が落ち込む

効果的なリーダーシップを遂行しているのであれば、周りの人たちの長所や能力はあなたにとっても最高の資産になる。他者の能力を見たときに、まっ先に自分と比較して落ち込むのであれば、リーダーの役割を一時的に退いて心の健康を回復する必要があるかもしれない。その間は自分をいたわり、くれぐれもインスタグラムは見ないように。

6、つねに「危機」の状態にある

人は生きていれば、とにかく自分のことだけに集中しなければならないような状況に陥ることがよくある。その状況は「危機」とも呼ばれる。1カ月、1年、あるいは一生における適切な危機の回数が決まっているわけではないが、周りの人と比べてかなり多いのであれば、あなたに彼らを率いる資格はないと考えていいだろう。

7、未来に対して悲観的である

リーダーシップの基本にあるのは、明日は今日よりもよくなるという考え方だ。そんなことを信じるのはただの甘ちゃんのお花畑だというのであれば、リーダー以外の道を目指したほうがいいだろ。絶望はリーダーシップの対極にある。

8、現実が退屈で興味が持てなくなった

リーダーシップを日々正しく実践しているなら、現実の世界は魔法に満ちている。目

に見えるのは、進歩の可能性と、これから花開いていく才能ばかりだ。

日常に秘められた無限の可能性に対して無関心になって久しいなら、それは危険信号だと考えなければならない。

9、無関心と無力感に感情が支配されている

それらの感情があなたの本心なのかもしれないが、リーダーシップに求められるのは周りに影響を与える能力だ。自分自身の力を自覚し、周りの人たちにも彼らの力を自覚させなければならない。自分の力を感じることができないのであれば、その理由が何であれ、リーダーの役割を果たすことはできないだろう。

10、自分こそが主役であり、スターだ

いつもこのような気分で世の中をわたっているのであれば、あなたはリーダーシップのゲームに参加していないということだ。真剣にリーダーを目指している人たちが、いずれあなたの地位を奪うことになるだろう。

「自分の映写機を止める」

著者たちが何かの折に、この「『自分が中心』になっているかもしれない10のサイン」の話をすると、たいていのリーダーは最低でも4個は自分に当てはまるものが見つかるようだ。

誤解のないように言っておくが、リストの何かに当てはまるからといって、あなたがリーダーにふさわしくないというわけではない（どんなリーダーも自分が主役になる瞬間はある）。とはいえ、リーダーとしてまだまだ向上しなければならない部分があるということは間違いないだろう。リーダーの真の役割は他者をエンパワーすることだからだ。

話をわかりやすくするために、具体例を紹介しよう。

リード・ホフマンはリンクトインの共同創業者兼エグゼクティブチェアマンだ。世界有数の成功した企業であるリンクトインを率いるホフマンは、著者たちの知るかぎり、もっとも周りをエンパワーする力に長けたリーダーでもある。

ホフマンはまずペイパルの創業に関わり、それからリンクトインを創業した。そして現在は、自らの資本、知恵、楽観主義を数多くのプラットフォームにも拡大している。ホフマン

図1-1　リーダーシップのパフォーマンス曲線

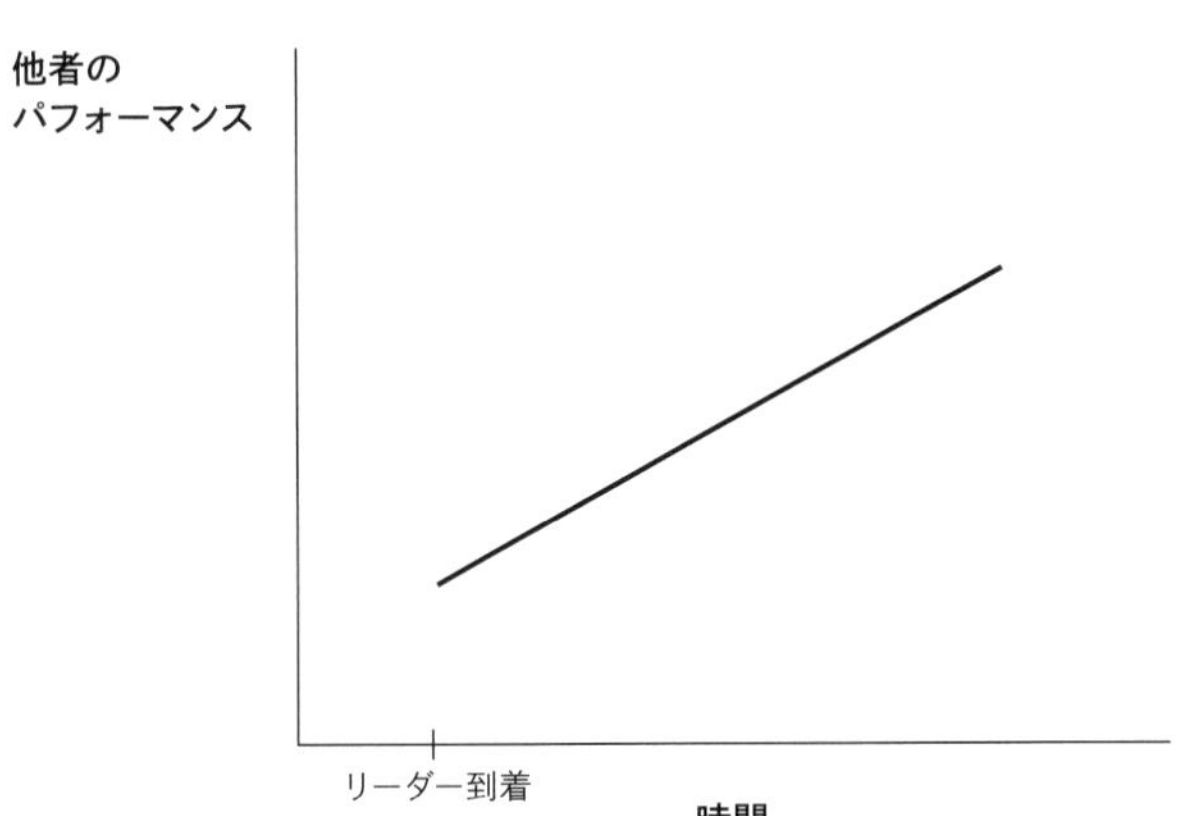

自身はエンパワメントを次のように定義する。**「リーダーであるなら、自分の映写機は止めて、周りで上映されるすべての映画を観なければならない」。**(注5)

著者たちはこの映画のたとえが好きだ。実際のところ、リーダーの真価が問われるのはリーダー自身のパフォーマンスではなく、周りの人間のパフォーマンスだ。それをわかりやすくすると図1－1のようになる。周りの人たちのパフォーマンスをつねに向上させていくのがリーダーの仕事だ。

メンバーは成長しているか？

ここで、あなた自身の「リーダーシップのパフォーマンス曲線」も描いてみよう。

ある程度の時間（3カ月以上）を一緒に

すごしたチームを思い出してほしい。

あなたがそのチームのリーダーになってから、メンバーのパフォーマンスはどのような曲線を描いただろうか？　上昇したか、それとも下降したか？

チームのパフォーマンスが図1－1と同じような曲線になったのなら、おそらくあなたは他者の成功を助ける環境をつくることができたのだろう。曲線が水平、右肩下がり、あるいは期待したほど上昇していないのなら、自分がリーダーとして、そしてチームの一員としてどんな選択をしたか思い出してみよう――あのときどんな選択をすれば（大きな選択でも、小さな選択でも）、チーム全体のパフォーマンスを上げることができただろうか？

この思考エクササイズの目的は、「他者の経験に責任を持つ」という姿勢を身につけることだ。この姿勢こそ、エンパワメント・リーダーシップの核心になる。

もちろん、あなた自身にはまったく関係のないところで、チームのパフォーマンスが影響を受けることもあるだろう。あなたにもコントロールできないことは必ずあるからだ（たとえば、すぐ隣にライバル会社が引っ越してくる、など）。

ここで大切なのは、「他者のパフォーマンスが向上する環境をつくる能力こそが、リーダーシップの核心にほかならない」という考え方を受け入れることだ。

「いくらリーダーでもそこまでの責任は持てない」「いくらなんでも荷が重すぎる」。そのように感じたら、あなたの想像は正しい。それがまさに、リーダーに求められる責任の大きさだ。

部下の成長は、あなたの成長

周囲の人たちの才能を解き放つために、あなたは他に何ができるだろう？

本書でこれから何度も提案するように、**答えを求めて考えるときは、思いついたことを紙に書くのがいちばんだ。**著者たちも、これまで数千人のエグゼクティブを対象にこのエクササイズを行ってきた。彼らの前に置かれた紙が白いままだったことは一度もない。

私たちの誰もが、理由は何であれ、リーダーとして正しい行動をするチャンスを逃したことがあるはずだ。その失敗の経験が、実は教えの宝庫でもある。あなたはなぜ、部下、チーム、あるいは組織を完全にエンパワーするチャンスを逃してしまったのだろう？

ここでもっともよくある答えは、「事態を自分中心にとらえてしまったから」だ。意識を外に向けるのではなく、自分の中に向けてしまう。自分の希望や恐怖にばかりエネルギーを注ぎ、チームの気持ちを考えない。ホフマンの表現を借りれば、「自分の映画の上映を止める方法がわからなかった」ということだ。

例をあげて説明しよう。私たちの中には、人を率いるという行為が苦手な人もいる。人を率いるなんて傲慢だと感じるのかもしれないし、リスクが高いと感じるのかもしれない。自分の責任で何かを改善しようとするには勇気がいる。それに、現状をそのまま受け入れるのを拒否すると、金銭的、政治的なコストもあるだろう。

リーダーシップのチャンスを前にすると尻込みしてしまう傾向があるのなら、まずはそのパターンを続け、自分を観察してみることをおすすめする。何があなたを尻込みさせているのだろう？

最初にはっきり言っておくと、ここでのあなたの答えにそれほど興味があるわけではない。それはあなた自身の物語であり、きっとあなたがそうなってしまう納得できる理由があるのだろう。一方で著者たちが興味を持っているのは、それらの選択から生まれるトレードオフであり、あなたの邪魔になっている障害を取り除くことだ。

実際のところ、人は誰でも「安全」を第一に考える傾向があり、そのおかげで毎日を無事にすごせている。人類が絶滅せずに生き残ってこられたのもそのおかげだ。

とはいえ、目的が生き残ることではなく、人を率いることなら、ときにはいくらかの「安全」をあきらめる必要もある。

著者たちからのアドバイスはこうだ――ホフマンを見習い、リスクを取って、自分ではなく他者をあなたのリーダーシップ物語の主人公にしよう。

自分を守ることが正しい選択である場合もあるが、こと個人のリスクとリターンを計算することに関しては、自分は意外と頼りにならない。著者たちの経験から言えば、ほとんどの人は、自分で思っているよりもはるかに大きなリスクに耐えられる。そしてほぼすべての人が、リーダーシップが人生に与えてくれる意義の大きさを過小評価しているのだ。安全ネットのない状態で飛ぶというリスクを取れば、それまで想像もしていなかったような場所にたどり着くことができる。

人々を率いることがあなたの目的なら、あなたに与えられたもっとも大切な役割は、メンバーの才能を解き放つこと、つまり彼らが持てる能力をすべて発揮するのを助けることだ。彼らが最高に効果的な存在になっても、それであなたの優位性が脅(おびや)かされるわけではない。むしろそれは、あなたが成功していること教えてくれる、もっとも信頼できる基準だ。

それを達成できれば、あなたは自分だけではとうてい不可能だった高みに到達することができる。それが、エンパワメント・リーダーシップが持つ**「変革を起こす力」**だ。

環境は信頼からつくられる

すべては「信頼」から始まると、著者たちは信じている。

図1-2　エンパワメント・リーダーシップの輪

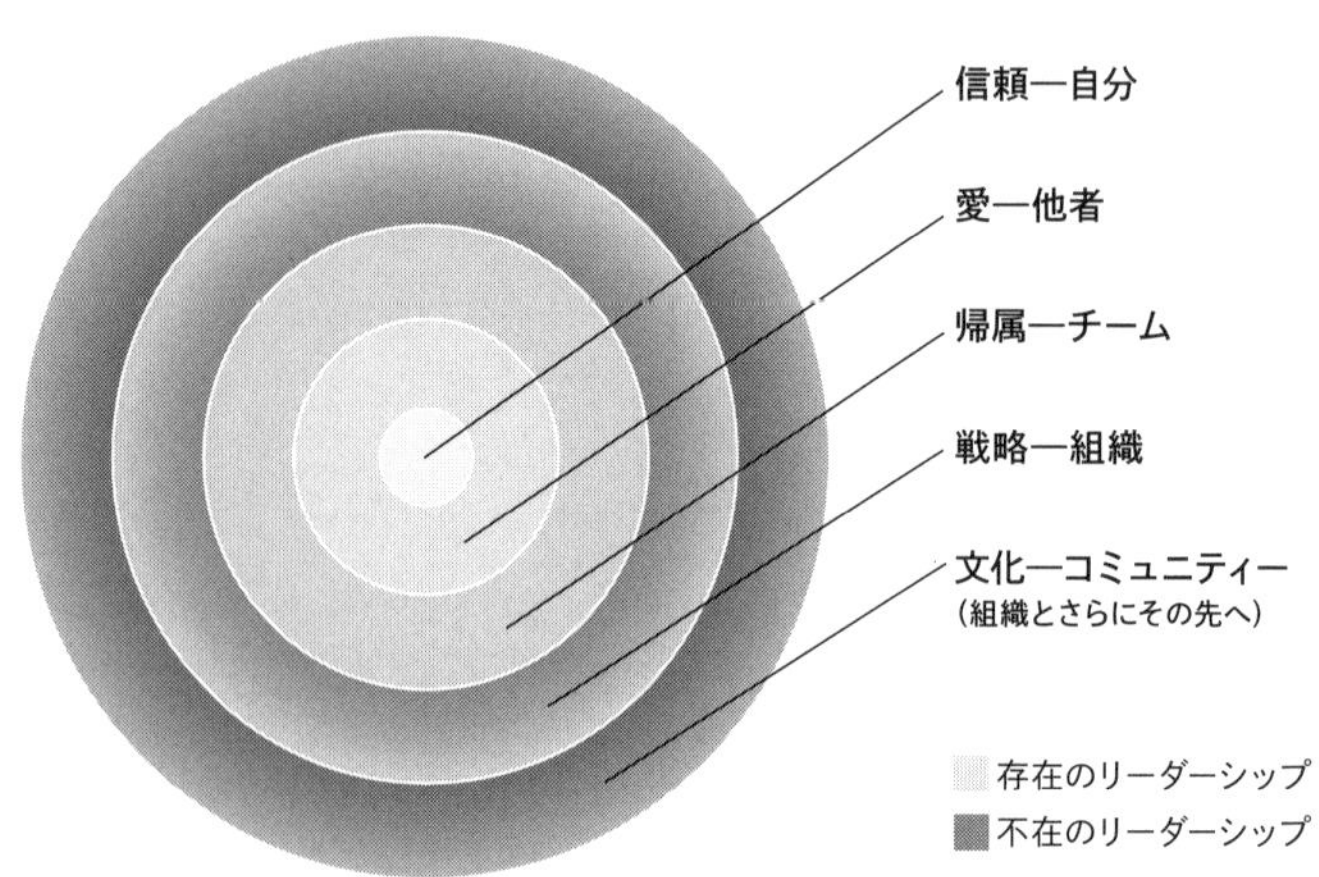

あなたが他者を導く環境は信頼からつくられる（このことについては第2章で詳しく見ていこう）。しかし、他者の信頼を勝ち取る前に、まずは自分の信頼を勝ち取らなければならない。自分自身を信頼している人間だけが、より大きな目標に向かって他者を導く権利を手に入れることができる。

この考え方をわかりやすく表したのが図1-2だ。円の中心が「信頼」の基礎であり**（第2章）**、そこから外に向かうにつれて、エンパワーできる他者の数も増えていく。まずは「愛」を通して個人をエンパワーし**（第3章）**、「帰属」を通してチーム**（第4章）**、「戦略」を通して組織**（第5章）**、そして「文化」を通してさらにその先までエンパワーの範囲を拡げる**（第6章）**。これが著者たちの考える「エンパワメント・リーダーシップ」であり、本書を通してあなたにも理解してもらいたいと思っている。

言い換えると、リーダーシップの最初の一歩は、自分の周りの人たちが大きく飛躍する環境を整えるということだ。そのためには、高い基準を設けることと、深い献身の両方が必要になる。これはやりがいのある挑戦であり、第3章でさらに詳しく見ていこう。しかし、チーム全体が飛躍する環境を整えるには、それだけでは十分ではない。

多様性を内包するチーム（おそらくまったく同質なチームなど存在しないだろう）を率いるには、それぞれの違いを尊重し、誰もが独自の能力や考え方でチームに貢献できるようにすることがカギになる。それが帰属の真髄であり、第4章のテーマだ。

信頼、愛、帰属――この3つが、エンパワメント・リーダーシップのコア・コンピタンス（核となる強み）であり、これらを達成した人だけが卓越したリーダーになれる。

しかしこの段階では、行動の現場に姿を見せること（または、少なくとも現場にいない時間を短くすること）が求められ、影響力の及ぶ範囲もその場にいる人だけに制限される。

もっとも成功したリーダーは、直接的な影響が及ばない人たちにインパクトを与える。そして、自分のいない場所で起こることが成功を決めるという事実を深く理解している。

そこで、先ほどの図1－2を見てみよう。

円の外側に「戦略」と「文化」がある。この2つの見えない力が、組織を形づくり、他者をエンパワーする。あなたがその場にいるかどうかは関係ない。組織レベルを率いるリーダーになりたいのであれば、正しい戦略と文化のために、さらに多くの時間を使わなければならない。

このアプローチを体現するリーダーの1人が、決済サービス企業のストライプでCOO（最高執行責任者）を務めるクレア・ヒューズ・ジョンソンだ。ジョンソンは業務のあらゆる面できわめて優秀なので、ミーティングの進め方に関するちょっとしたプレゼンテーションまでがネットでバズったほどだ。

彼女が人を雇うときに大切にしているのは、「エンパワメント」と「リーダー不在のリーダーシップ」だ。彼女はこう言っている。

「マネジャーを雇うとしましょう。マネジャーは大切な存在です。とはいえ、彼らは四六時中あなたのそばにいるわけではなりません。あなたが自分の時間を使って何をするかは、あなた自身が決めることです。そしてあなたの影響力は、あなたの、あなたの決断が原動力になっています」（注6）。そしてその決断（第5章と第6章で後述）は、主に戦略と文化から導かれている（コラム「コントロールを手放すことによる統率：エンパワメント・リーダーシップのケーススタディ」）を参照）。

誰かの可能性を心の底から信じる

誰かから才能を自由に発揮する許可を与えられることには、とてつもなく大きな力がある。教師やコーチ、または友人などから、自分の中に眠る才能を認められた経験がある人なら、それがどんなに昔のことであっても、そのときの感覚をよく覚えているだろう。ありのままの自分を理解されるだけにとどまらず、自分の可能性まで認めてもらえるのだ。

リサ・スキート・テイタムは、人材開発スタートアップのランディットを創業したときに、女性とピープル・オブ・カラーの人々が集まって将来について語り合い、それぞれの才能を認め合えるような場所をつくった。ランディットのコーチによるセッションには、たった1回でも「人生を変える」ほどの力があるという。

また、ある女性CEOは、ビジネススクールの教授の言葉が忘れられないという。授業の終わりに彼女がちょっとした質問をしたところ、教授は「そうですね、あなたがいつかCEOになったら……」と応じたのだ。

当時、女性にとって最高のキャリアとは、ビジネススクール卒業後にコンサルティング会社に戻ってMBAにふわさしい給料をもらい、中間管理職まで出世することだった。彼女自身も、いつか自分が企業のトップに立つなど想像もしていなかった。

あれから数十年がたった今でも、彼女は当時のことを鮮明に覚えている。自分が着ていた服も、教室の照明が床に反射する様子も、教授の言葉を聞いた瞬間にすべての雑音が聞こえなくなった感覚も、すべて頭の中に思い描くことができる。あの瞬間をきっかけに、彼女は何者かへと変貌していった。彼女の言葉を借りれば、「この世界で確固たる自分の場所を手に入れる意志を持った」瞬間だ。

私たちは誰でも、他の誰かの可能性を解き放つ力を持っている。これは厳然たる事実だ。この魔法をもっと具体的に感じ取りたいというのなら、大ヒットテレビ番組の『クィア・アイ』を思い出してみよう。

これは5人の才能あふれるホストが、それぞれの専門分野を生かしてゲストのライフスタイルを改善していく番組だ。5人のホストのうち4人はゲイ男性で、1人はノンバイナリー（男女のいずれにも属さないと考える性自認を持つ人）を自認する。5人の指導を受けたゲストは、服装、身だしなみ、インテリアデザイン、食生活が大きく変わり、その影響は仕事や家族との関係にまで及ぶことがある。

これはよくできたテレビ番組であり、衝撃の告白もあれば、ビフォー・アンド・アフターの比較もある。しかし実際のところ、私たちの誰もがこういった大変身を可能にする力を持っている。ただ誰かの可能性を心の底から信じるだけでいい。この番組でも、1つのエピソードが終わるたびに、ゲストは表面的なライフスタイルよりもずっと大きな変化を経験する。それは、自分自身の可能性を信じられるようになるという変化だ。

COLUMN

コントロールを手放すことによる統率：エンパワメント・リーダーシップのケーススタディ

元アメリカ統合参謀本部議長のマーティン・デンプシー大将がエンパワメント・リーダーシップの必要性を感じたのは、それがもっとも必要とされていないような場所、すなわちアメリカ陸軍だった。２０００年代のはじめ、アメリカ陸軍はリーダーシップ・モデルの改革に着手した。きっかけは、いわゆる「対テロ戦争」で劣勢に立たされていたこと、あるいは少なくとも優勢ではなかったことだ。

かつての戦争はわかりやすかった。どの国も国益のために動くものであり、何をもって国益とするかはだいたい予想できる。しかし、すでに戦争は様変わりしており、敵の行動を予測することは難しい。リスクのグローバル化が進み、国境線という概念も大きな意味を持たなくなってきた。戦況はまるで目まぐるしく駒が動くチェス盤のようで、テキストメッセージを送るほどの時間で一気にエスカレートする。まさに一寸先は闇だ。

この予測が難しい現実の中で10年ほど活動した後、アメリカ陸軍は一度立ち止まって状況を分析することにした。中でも喫緊の課題はリーダーシップのあり方だ。２０１２年、デンプシー大将は、この予測が難しい新しい環境におけるリーダーシップに関する

マニフェストを発表した。（注7）

デンプシー大将はその中で、新しい時代に求められるリーダー像について情熱的に語っている。**リーダーの役割は、力を統合することではなく、むしろ細心の注意を払い、指揮系統の上から下まですべてにわたって力を分散することだ。**

デンプシーが思い描くリーダーシップの新しさは、部下のパフォーマンスをことさらに重視していることだ。リーダー以外の人たちに、より多くの決定権を与えることを目指している。この新しい枠組みにおいて、リーダーが部下たちに指導するのは「何を考えるか」ではなく、「どう考えるか」だ。

現代の戦争は、文脈や状況が目まぐるしく変わる不確実な世界だ。その中で効果的に考え、決断できる人間を育てることが新しいリーダーシップのカギになる。デンプシーは、この哲学を「ミッション・コマンド」と呼んだ。そして彼によると、この哲学には、国土の安全を守るという軍の存在意義そのものがかかっている。

デンプシーのビジョンの基盤にあるのは、ドイツ軍に伝わる**「auftragstaktik（訓令戦術）」**という考え方だ。これは現場の指揮官が状況を見ながら自由に意思決定を行うという命令系統であり、プロイセンの軍人ヘルムート・フォン・モルトケ、通称「大モルトケ」によって確立されたとされている。

モルトケの考えでは、混沌と不確実性に支配された戦場で勝利を収める唯一の道は、現場のあらゆる階層が自発的に思考し、イニシアチブを発揮することだ。将軍から下士官にいたるすべての人間が、訓令戦術の集中的な訓練を受けた。そしてモルトケの指揮の下、プロイセン軍は普仏戦争で大方の予想を裏切る電光石火の勝利を収めた。

デンプシーはモルトケの先見の明にならい、この新しいドクトリンで個人間の信頼と行動の自由を重視し、そしてあらゆる階層の人間にクリティカルシンキングとクリエイティブシンキングを要求している。変化がますます速くなり、脅威がますます大きくなるこの世界において、リーダーに課されたもっとも重要な仕事は、自分以外のすべての人間がパフォーマンスを発揮できる環境を確立することだ。簡単に言えば、「将軍たちよ、主役はもはや諸君ではない」ということだ。

ミッション・コマンドが私たちに教えてくれるのは、新しいリーダーのあり方だけではない。リーダーシップについての新しい考え方も教えてくれる。リーダーの仕事は、戦略を組織全体に浸透させ、そこから先は現場の人間に任せて自分は身を引くことだ。あなたの存在によって他者の才能が解き放たれ、その結果として彼らはあなたがいなくても力を発揮できるようになる。

勲章を受けた元中隊長で、現在は退役しているエミリー・ハネンバーグに、軍隊におけるミッション・コマンドのあり方について質問したことがある。彼女は10年にわたる軍隊生活で大きな功績をあげてきた。過酷な訓練で知られるリーダーシップ開発プログラムのサッパーリーダーコースも卒業している。アメリカ陸軍には、同じく過酷な訓練で有名なレンジャースクールというプログラムもあり、軍隊内ではどちらがより厳しいかで議論が分かれているそうだ。アメリカ軍史上、サッパーを卒業できた女性はわずか100人ほどで、ハネンバーグはその中の1人に名を連ねている。

ハネンバーグも彼女の同僚たちも、ミッション・コマンドには「全面的に賛成」だという。そのおかげで部隊の適応性が高まるのを実際に体験してきたからだ。2014年、彼女はマサチューセッツ工科大学（MIT）に教授として招かれ、新人の士官を相手に軍事学を教えることになった。

著者たちがミッション・コマンドの見返りについて尋ねると、ハネンバーグは人間の潜在能力をより大きく活用できる点を強調した。「人々は、自分の影響力が及ぶ領域で信頼され、リーダーシップを発揮することを求められると、自分でも想像していなかったような力を出すことができるのです」。

この新しいモデルでは、もう彼女のチームは上官からの命令を待ったりはしない。解決しなければならない問題があれば、持てる能力のすべてを発揮して問題解決に取り組む。勝利の許可を待つことなく、彼らは勝利を収める。

ありのままの自分であれ

直感には反するかもしれないが、少数のグループを代表する人にとっては、その「違う人」という立ち位置を維持するのが難しくなっている。「クィア・アイ」の例にもそれは表れていて、だからこそ著者たちはこの番組が大好きだ。

番組のホストは、クィアというアイデンティティが珍しい場所、ときには歓迎されない場所で自分たちの「魔法の力」を発揮する。普通であれば、そんな場所にわざわざ出かけることはないと思うだろう。しかし彼らは出かけていき、自分をさらけ出す。そして他の誰かの人生を変えるために、自分の才能を惜しみなく分け与える。

少数派に属するリーダーは、多数派ばかりの世界を避けてしまうこともある。ありのままの自分では、その世界でリーダーになるのにふさわしくないと考える。著者たちは女性であり、少数派の特徴をいくつか備えている（たとえば、著者たちは女性同士の結婚したカップルだ）。そのため、過去には自分からチャンスを逃すようなこともあった。

チャンスを逃すパターンはだいたい決まっている。ありのままの自分としてリーダーシップの役割を引き受けるのではなく、自分を守ることを選んでしまうのだ。

たとえば、著者たちが長い間ずっと苦手だったのは、自分より偉い立場の同業者が出席する公式の集まりだ。

そういった集まりに著者たちのような人間が出席すれば、何かを学び、こちらからも何かを教えるチャンスになるだろう。しかし私たちは、いつも全身の針を立てたヤマアラシのようになっていた。針の下にある柔らかな肉を守るために、ときには必要以上におどおどし、あるいはやけに身がまえて攻撃的になり、影響を与えることができるせっかくのチャンスをふいにしていたのだ。

著者たちはそうやって、リーダーとしての立場を守ろうとしていた。しかし皮肉なことに、その態度はかえって逆効果だった。自分たちが理想とするリーダー像からはむしろ離れていった。リーダーらしくふるまおうとすればするほど、薄っぺらいバージョンの自分たちになっていった。

真のリーダーシップにおいては、ありのままの自分を出すことが求められる。しかし著者たちは、本当の自分を守るために他者を疎外していた。他者の中から最高の部分を引き出すことがリーダーの仕事であるのに、その役割を放棄していたのだ。

かつての著者たちは、いつも周りの目を気にしていた。女性の同性愛者であるというアイデンティティや、フランシスの自分の意見をはっきり主張する態度や、アンが思い入れの強い話題になるとたまに声が震えることは、周りにどう受け取られるのだろうか。

ここではっきりさせておきたいのは、たしかにそれらが原因で著者たちを見下す人にも会ったことはあるが、ほとんどの人は気づいていないか、あるいは気づいても気にしていなかったということだ。むしろ、表面を取り繕（つくろ）った著者たちではなく、ありのままの著者たちのほうが好意を持たれるようだ。

さらに重要なのは、もし私たちの目標がリーダーになることなら、そもそも質問自体が間違っているということだ。ここでの正しい質問は、「彼らは私をどう思うだろう？」ではない。むしろ、**「彼らの才能を引き出すために、私に何ができるだろう？」**と尋ねなければならない。エンパワメント・リーダーシップには、この考え方のシフトが求められる。

他者を生かすとは、他者の後ろに隠れるという意味ではない。自分の功績や評判をあきらめるという意味でもない。とはいえ、自分の功績とリーダーシップをきちんと区別することは大切だ。世間ではこの2つが混同されることが多いが、リーダーの仕事は「自分」以外のところにある。

真のリーダーを目指すのであれば、自分をよく見せたいという段階を卒業し、周りの人たちを守り、彼らの能力を開発し、彼らに力を与えなければならない。この原則に例外はない。リーダーの役割は、ショーの主役ではなく、オーケストラの指揮者であり、映画の監督だ。あなたの仕事は、他の人たちを使ってオスカーにふさわしい映画をつくることだ（コラム「たまには私も主役になれないの？」を参照）。

COLUMN

たまには私も主役になれないの？

その答えは「もちろんなれる」だ。

リーダーシップとは他者の才能を解き放つことではあるが、リーダー自身の成長はどうでもいいというわけではない。リーダーが自分にも意識を向けたほうがいい理由はたくさんあり、その1つが自分の正気を保つためだ。

リーダーシップの文脈における「オン」の状態とは、他者を気づかい、彼らが才能を発揮できる環境づくりに献身することだ。それにはかなりのエネルギーが必要であり、たまにはリーダーの役割をお休みして自分をいたわらないと身がもたなくなる。

また、**リーダーとして成長するには、自分に投資して新しいスキルを身につけることも欠かせない。**次の章でも見ていくが、周りからリーダーになってもらいたいと思われるには、あなたの側に最低でもある程度の自信や説得力がなければならない。そのためにも新しいスキルを身につけることが必要だ。

わかりやすい例を紹介しよう。

かつて一緒に仕事をしたある医療起業家は、地元の即興劇団に参加した。ただ大人になってから演技をするという感覚を味わうためだ。仕事に情熱を持ち、3人の子どもの父親でもあるこの起業家（ここでは仮に「ジェイソン」と呼ぼう）は、仕事を離れた場所で自分の創造性を発揮することを求めていた。

当時のジェイソンは、日常生活でクリエイティブになれるチャンスがほとんどなかった。主な仕事は、日々の問題を解決することだ。イノベーションにあふれていた会社の創業時に比べると、あまりワクワクできるような状況ではない。

そんなジェイソンにとって、即興劇は楽しく、さらに効果的にコミュニケーション術を磨くこともできた。この経験のおかげで、チームとの絆も深まり、相手に共感しながら話を聞くスキルも身についた。即興劇は彼にとって、言ってみれば究極の趣味の活動だった。ストレスを解消して元気になれるだけでなく、仕事の能力まで向上させてくれたのだ。

即興劇のおかげで、ジェイソンはリーダーとしてより効果的になることができた。とはいえ、舞台の上で他の演者たちの先頭に立ち、「イエスアンド」[*]を指導していたわけではない。あなたもジェイソンのように、趣味と仕事をきちんと区別しなければならない。仕事中に卓球をするのが当たり前になっているような最近の風潮を考えると、この区別が特に大切になる。

ジェイソンは趣味の時間にプロとして成長し、それと同時に人間性も取り戻していった。しかし、彼がリーダーシップを発揮するのは、舞台を降りて職場に戻り、他者をエンパワーするという挑戦に立ち向かうときだ。

著者たちの経験から言うと、たいていの状況では、自分を成長させるか、それとも他者を成長させるかの二者択一だ。両方を同時に行うことは難しい。**リーダーであるあなたは、この2つを意識的に区別して、自分を成長させる活動は仕事の外で行ったほうがいい。**

たとえば、バカンスに出かけてもいいし（ぜひそうしてください！）、仕事の後でマネジメントの講座に通ってもいい。アパラチア山脈でトレッキングを楽しみ、リーダーシップの名著を読む。[**] そして職場に戻ったら、また他者を率いるという仕事を始めよう。

---

*「イエスアンド」は即興劇の核となる概念だ。ありのままの現実を受け入れ、その現実を基盤として説得力のあるシーンを構築する。

** これは欠かせない。

スマホから目を離し、話を聴く

リーダーシップの基本を理解したら、次の目標は自分が率いるメンバーのありのままの姿を見ることだ。彼らの能力を把握し、どこまで成長できるかを理解する。

他者の才能を解き放つには、まず彼らの成長した姿を想像する必要がある。相手の成長ポテンシャルを信じていないのであれば、彼らと一緒にできることはたくさんあるかもしれないが、彼らのリーダーになることはできない。

彼らを監督し、管理し、統率し、説得することならできるだろう。1日を乗り切り、彼らに物事のやり方を指導することもできる。これは著者たちが推奨するリーダーシップではないが、多くの職場では雇用主と従業員の一般的な関係と認められている。

リーダーシップの前提にあるのは、人間には適応力があり、私たちの誰もがお互いの適応を手助けできるという考え方だ。そしてこれを実現するには、リーダーが誰かの潜在能力を信じ、その信頼を効果的に伝える方法を見つける必要がある。言い換えると、**他者への信頼は自分の中だけにとどめておいてはいけないということ**だ。

誰かの能力を信じていることを伝える方法はたくさんある。著者たちが推奨したいのは、自分にとって自然な方法から試してみることだ。たとえば、誰かの仕事をミーティングの席でほめる、まだアイデアを発表できるような立場ではない人にあえてアイデアを求める、といった方法がある。

あるいは、スマホやパソコンを見ながらではなく、完全に相手に集中して話を聞くという方法もあるだろう。デジタル機器の誘惑が伝染病のように広がる現代社会で、これは相手を大切にしているという強力なシグナルになる。他にも特に効果が高いのは、相手が最初のボールを打ち損じても、再びボールを投げるという態度だ。誰かを信じるとは、その人が失敗から学ぶのを許容することでもある。

また、率直にものを言うこともおすすめしたい。

誰かをほめるなら、その人と向き合って座り、あなたが本当に評価していることを具体的に伝える。いつ、どこで、どんな言動が、周りの人にどんなポジティブな影響を与えたのか。効果的なフィードバックの与え方については後でまた詳しく見ていくが、これはあなたが思っているよりも根源的な行動であるということは指摘しておきたい。ほとんどの組織は、ネガティブなフィードバックを与えることで相手の成長を促すという方法に頼っているが、これはポジティブなフィードバックに比べるとはるかに効果が小さい。

見知らぬ人の「いいところ」もほめる

この種のリーダーシップを指導するとき、私たちがよく採用しているエクササイズがある。受講生のエグゼクティブたちに「OPA」[c]（他者のすばらしさ。Other People's Awesomenessの頭文字）を伝える大使になってもらうのだ。

具体的に説明しよう。あなたが才能を認めている人を1人選び（才能の大小は問わない）、自分の気持ちを率直に伝えてほめる方法を考える。

あなたは、相手の現在の能力を見抜き、さらに将来の可能性まで見えている。その人が自分の能力をもっと発揮するようになれば、どこまで到達できるかがわかっている。まずは身近な人からこのエクササイズを始めて、だんだんとほめる対象を広げていこう。

ここでのゴールは、「外向きのリーダーシップ」に慣れることだ。自分の思考や経験に他者を引き寄せるのではなく、むしろ他者の潜在能力に向けて自らを開いていく。あなたはその過程で、きっと予想外の喜びを経験することになるだろう。

（c）外国人の読者へ。本書で「super」や「awesome」という言葉があまりにも濫用されていることは著者たちも自覚している。もしよかったら各自で好きな言葉に置き換えて読んでもらいたい。

家族や同僚から、たまたま出会った見知らぬ人まで、いろいろな人に相手のよさを伝えよう。自分と似ている人にも伝え、自分と似ていない人にも伝える。相手の年齢、性別、社会階層、世界観、性格に関係なく、あらゆる人のいいところを見つけ、それを伝える。

そのとき、自分の全盛期はとうに終わったと思い込んでいる人を、最低でも1人はほめる相手に加えるようにしてもらいたい。このOPA活動を続けていると、人はいくつになってもほめられるのが好きだということに気づくだろう。

大人になり、自分の成長はもう終わったと思い込んでいても、誰かから長所や可能性を認められると前向きに反応する。著者たち自身の経験から言っても、経験豊かなベテランほど、まだまだ成長する可能性があると認められることが大きな励みになる傾向がある。

リーダーシップは冒険だ

現在の自分と、将来なれるかもしれない自分の間には、大量のエネルギーが蓄積されている。2017年、世論調査会社のギャラップがアメリカの職場の調査を行ったところ、従業員の70パーセント近くが、職場にエンゲージメントを感じていないという結果になった（注8）。この数字の意味をじっくり考える必要がある。

この数字からわかるのは、たいていの従業員は、職場で持てる能力のすべてを発揮していいないということだ。これは驚くべき機会損失以外の何ものでもない。

ここでリーダーが、他者中心のリーダーシップを発揮すれば、人々は組織のためにより多くの能力を捧げることができるようになる。彼ら自身が夢にも思っていなかったような、大きなことも達成できる。このようなリーダーシップには、世界をつくりかえるという側面もあるのだ。

これは革命であり、リーダーシップという概念そのものをとらえ直すことが求められる。ポール・リビアは、マサチューセッツの田舎道を馬で走り抜けて名声を獲得した。しかし、リーダーシップの歴史という観点で考えると、本当に大切なのはその次に起きたことだ。レキシントンとコンコードでリビアの警告を聞いた人々は、自分の運命を自分で決めるために外の通りに出た。[d] 独立戦争の兵士たちの勇気は、その後の公民権運動でアラバマ州セルマの行進に参加した人々、ガンジーと共に独立を目指したインド人、全世界で「#ＭｅＴｏｏ」運動や「ブラック・ライブズ・マター」運動を支えた何百万もの人々の中に脈々と受け継がれている。

(d)　男装した女性ミニットマン（独立戦争の民兵）はアンが最初ではない。たとえば、レキシントン・コンコードの戦いに参加したプルーデンス・カミングス・ライトが有名だ。彼女は「ミニットウーマン」を名乗る男装した女性の小さな部隊を率いて戦った。

彼らはみな、すべての人間が生まれながらに備えているはずの人権と尊厳を求めて戦った。

あなたのリーダーシップの物語は、何を中心に語られることになるだろう？

自分自身が強大な権力を手にしたことだろうか？　それとも、周りの人の才能を解き放ち、その結果としてより多くの成果をあげたことだろうか？　著者たちは、後者の道を選ぶリーダーのためにこの本を書いた。もっとも効果的なリーダーは、何を言い、何をして、どう感じるのか。

リーダーシップとは、無限の可能性を秘めた冒険だ。そしてその冒険は、周りにいる全員を尊重し、彼らの才能を解き放つことから始まる。このリーダーシップ観を理解できたら、次のステップはそれを実践する方法を知ることだ。

そこで第2章からは、リーダーシップの枠組みを具体的に見ていこう。まず注目するのは、「エンパワメントは信頼から始まる」という考え方だ。

☑自分はなぜこの本を読んでいるのか？　リーダーシップのスキルを向上させるために時間とエネルギーを費やす価値があると考える理由は何か？

☑自分がその場にいるとき、周りの人のパフォーマンスはどう変化するか？　何かパターンが見つかったらそれを記録する。

☑自分はリーダーとして、自分自身や自分のニーズについて考えることにどれくらいの時間を費やし、他者や他者のニーズについて考えることにどれくらいの時間を費やしているか？

☑自分はどんなときに他者を確実にエンパワーできるか？　そのような他者への投資が簡単にできるのはどんなときか？　逆に難しかったのはどんなときか？

☑他者の才能を解き放つことに成功したとき、自分の「状態」にどのような違いがあったか？　自分のエネルギーや集中力はどのように変化したか？

第 1 部

存在の
リーダーシップ

本書では、リーダーシップを**「他者をエンパワーすること」**と定義している。

自分がいるときも、いないときも、他者の才能を解き放つのがリーダーだ。「存在のリーダーシップ」を扱うこの第1部では、「いるとき」のリーダーシップについて考えていく。本書では、自分が「いるとき」は、実際に同じ空間にいるときだけでなく、テキストメッセージなどですぐに連絡が取れるなら、それも「いるとき」に含まれると定義する。

第2章では、信頼関係の基礎を築く方法について見ていく。信頼関係はエンパワメント・リーダーシップの出発点だ。

続く**第3章では、他者が確実に能力を発揮できる状況をつくるための枠組み**を紹介しよう。これは実践に耐えてきた信頼できる枠組みだ。人間はときに、もっともらしい理由から、他者の成功へのコミットメントを薄めたり、いちばん大切な人たちに期待する基準を下げたりする傾向がある。章の最後で、そういった傾向を完全に打ち負かし、周りにいる全員が最高の能力を発揮できる環境を整える方法を見ていこう。

さらにこのパートでは、包摂(ほうせつ)的なリーダーシップの大切さにも触れている。見た目も、考え方も、話し方も自分とは違う人たちを包摂し、エンパワーする。

第4章では多様性のあるチームをつくる方法を考える。多様性にもかかわらず成功するのではなく、多様性があるからこそ成功するチームをつくるのが理想だ。最近は「多様性」という概念の周辺がなにかと騒がしくなっているが、この現象を正確に理解する枠組みを提供している。さらに、大規模なインクルージョン運動に関わってきた著者の経験を生かし、効果的なリーダーシップで多様性の高いチームを成功に導く方法についても述べている。

このパートの要点は、エンパワメント・リーダーシップに必要な内面の資質、すなわち「信頼」、「愛」、そして「帰属」をマスターすることだ。それらを正しく身につければ、あなたがリーダーとして存在することから生まれるポジティブな影響力が蓄積するようになるだろう。最初は自分自身が影響を受け、それがさらにより多くの人へと広がっていく。

さあ、始めよう。

第2章 信頼——信頼を失うリーダー、信頼を得るリーダー

信頼はエンパワメント・リーダーシップの基盤だ。あなたが共感、ロジック、オーセンティシティを見せたときに信頼が生まれる。

2017年の春、ある金曜日の夜に、ウーバーCEO（当時）のトラビス・カラニックはサンフランシスコのベイエリアにあるウーバー本社の建物に歩いて入っていった。その日のミーティングを指揮するのは、カラニックの優秀な右腕で、アメリカとカナダのゼネラルマネジャーを務めるメーガン・ジョイスだ。

著者たちもジョイスに呼ばれてミーティングに参加していた。ジョイスに能力を見込まれたからだが、著者たちがウーバーについて知ったのはそのときが初めてではない。以前から見聞きしていたところによると、どうやら配車サービスに革命を起こしたこのスタートアップは深刻な問題を抱え、瀕死（ひんし）の状態になっているようだった。(a)

まずは背景から説明しよう。ウーバーは最低でも1つの業界で破壊的なイノベーションを

起こしたが、その驚くべき成功の裏には、基本的なモラルの崩壊という代償があったようだ。当時のトランプ大統領がイスラム圏からの入国を禁止する措置を発令すると、それに抗議するタクシー運転手がストライキを行った。ウーバーがその機に乗じて市場を拡大しようとしたところ、すぐにウーバーへの乗車を拒否する「#deleteUber」（ウーバーアプリを削除しよう）運動が始まった。

そして数カ月後、ウーバーで働くエンジニアのスーザン・ファウラーが、職場でのハラスメントと差別を自身のブログで告発した。彼女のブログには、ウーバーの冷酷な社内文化が赤裸々（せきらら）に描かれている（注1）。さらに追い打ちをかけるように、CEOのカラニックとウーバー運転手のやりとりを記録した動画も流出した。

その中でカラニックは、生活苦を訴える運転手を無慈悲に退（しりぞ）けている。同じ時期にその他複数の件でも訴えられていたウーバーは、「勝つためなら手段を選ばない冷血な組織」という印象がすっかり根づいてしまった。

当時、テック業界全体に世間の厳しい目が向けられていたことも、ウーバーにとっては不利に働いた（注2）。テック企業の多くは、安全で健全な職場環境を構築しようという意志がまったく感じられないとみなされていた。大金を稼ぐのだけは得意だが、多様な人々が数多く集まる環境を効果的に運営するのは得意ではないらしいと思われていたのだ。

カラニックの到着を待ちながら、フランシスは記事や本で読んだような傲慢なCEOが現れるのだろうと覚悟していた。

しかし、実際に現れた人物は、想像とはまったく違っていた。カラニックは謙虚で内省的な印象だった。自分がウーバーに浸透させたいくつかの価値について真剣に考えたようだ。それらの価値がウーバー成功の原動力になったことはたしかだが、逆に悪用されてゆがめられたことも、そして自分がそれを黙認してきたことも事実だ。

カラニックはチームの功績に深い敬意を表したが、それと同時に、自分が選んだリーダーたちの中には、十分な訓練や指導を受ける機会に恵まれなかった人や、十分に能力を発揮できる環境を与えられなかった人がいるということも理解していた。

カラニックがどのような失敗を重ねてきたにせよ、この時点では正しいことをしようとしていた。彼とフランシスはまっすぐホワイトボードに向かうと、ウーバーの可能性を描き出した。当時はウーバーで唯一の女性取締役だったアリアナ・ハフィントンがアイデアを提案するころになると、フランシスは、自分たちがウーバー再建の力になれるという考えを受け入れるようになっていた。

(a)　簡潔で読みやすい物語にするために著者たちの裁量で細部に変更が加えられている。たとえば便宜上「著者たち」という呼称を用いているが、2人の著者がつねに一緒に行動していたわけではない。

ハフィントンはその直前まで、女性従業員の集まりで激論を戦わせていた。彼女の表情を見れば、かなり傷ついているのがわかる。シリコンバレーでは企業の取締役は現場に関わらないのが普通だったが、ウーバーはまったく違うようだ。ハフィントンは、カラニックと共に前線の塹壕（ざんごう）に入っている。彼女のコミットする姿勢を見て、著者たちは感銘を受けた。

マサチューセッツ州ケンブリッジの自宅に戻ると、著者たちはこのプロジェクトを受けるかどうか話し合った。関わらないほうがいい理由なら山ほどある。難しい仕事であり、しかも結果は保証されていない。それに、東海岸の自宅から西海岸に通うのがきついのは言うまでもない。

労働者の不満や、ブランドイメージの悪化など、ウーバーには解決しなければならない深刻な問題があった。しかし、もしここでウーバーの再建に成功できれば、それは他の企業に対する強力なメッセージにもなるはずだ。迷える組織でも人間性は復活できるということを、世界に対して伝えることができる。

それでは、どこから始めようか？　**著者たちは、まず信頼から始めることにした。**（注3）

信頼を得るための「3つの条件」

信頼は稀少で貴重な資源だが、文明人であるならすべての基盤に信頼があるべきだと著者たちは考える。懸命に働いて稼いだお金をモノやサービスと交換するのも、結婚の誓いを立てるのも、選挙で自分たちを代表する人を選ぶのも、その根底に信頼があるからだ。

法律や契約はセーフティネットの役割を果たすべき存在だが、そういったシステムでさえ、究極的には信頼がなければ成り立たない。本当のところ、何か間違いが起こったとき、法律によって正しく裁かれるかどうかはわからない。それでも私たちが見知らぬ他人と契約を結ぶのは、システムに対する信頼があるからだ。

アメリカの国家の標語が「われわれは神を信じる」になったのは偶然ではない。たとえ地上のシステムに対する信頼が崩れても、神への信頼は揺るがないという精神が、アメリカという国家を支える礎になっている。

第1章でも見たように、信頼はリーダーシップの方程式に欠かせない要素でもある。リーダーシップの定義が「他者をエンパワーすること」であるなら、そこに信頼関係が存在することが不可欠だ。

人が誰かのリーダーシップを受け入れるのは、相手を信頼しているからだ。自己の独立という大切な権利の一部を手放し、自分のウェルビーイングをリーダーの手に委ねるのは、そのリーダーを信頼しているからだ。

そして翻って、リーダーであるあなたも、彼らを信頼し、彼らに仕事を任せている。彼ら

図2-1　信頼のトライアングル

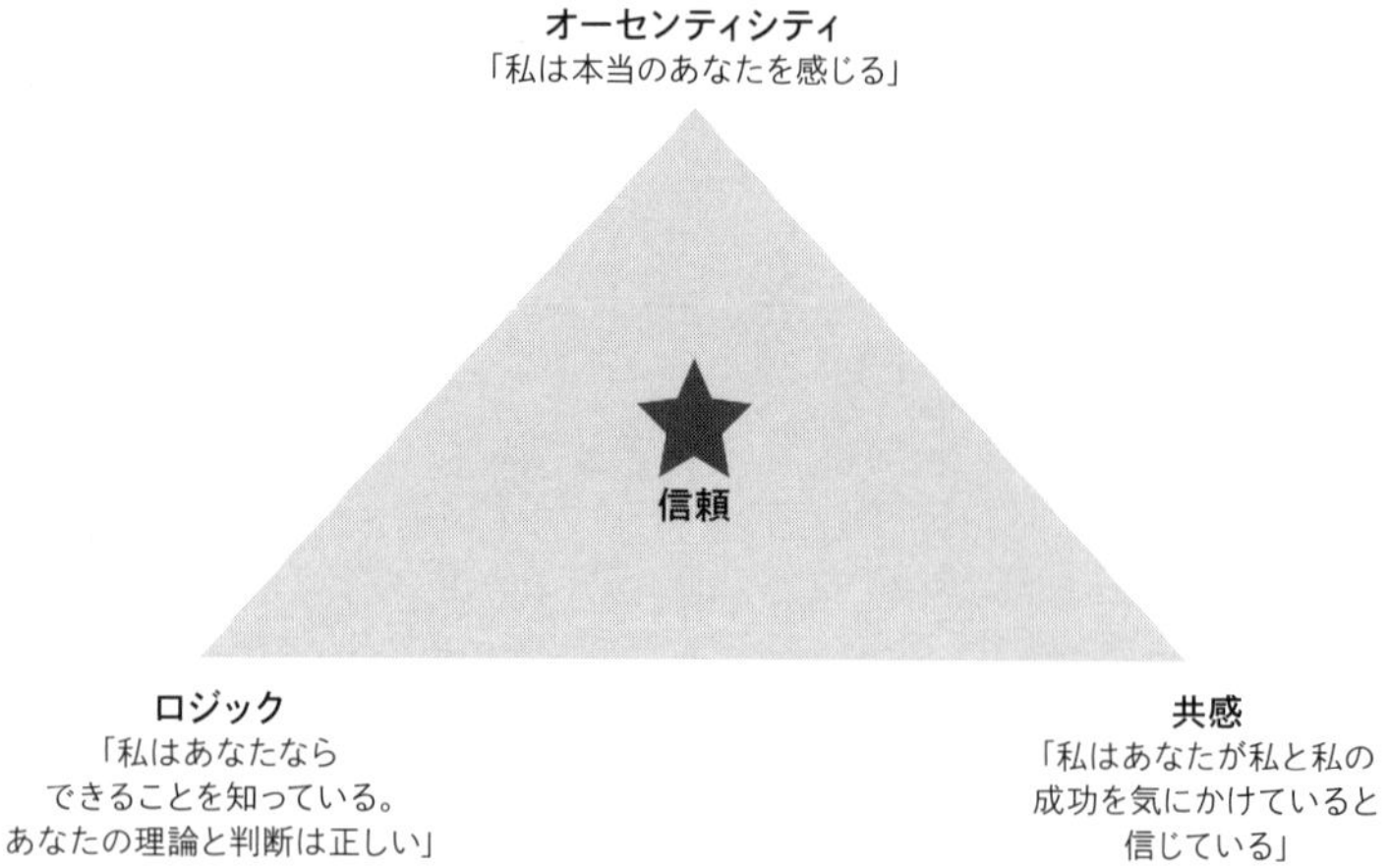

が正しい決断を下し、お互いに共有するミッションを前進させると信じている――それがたとえ、自分がその場にいないときであっても。あなたと彼らの間で信頼が蓄積されるほど、仕事の質も向上する。

信頼はリーダーシップに欠かせない資本だ。この貴重な資本をさらに蓄積するにはどうすればいいのだろうか？

基本的な公式を紹介しよう。**人間が信頼するのは、第一に本当の自分を出していると感じられる人（オーセンティシティ）、第二に判断力や能力があてにできる人（ロジック）、そして第三に自分を気にかけてくれると感じられる人（共感）だ。**信頼が失われるのは、だいたいにおいてこの3つのうちのどれかが崩れたことで説明できる。

アリストテレスは、説得の三原則として

「ロゴス」と「パトス」と「エトス」をあげているが、これはそれぞれ「ロジック」、「共感」、「信頼」という意味だ。著者たちが提唱する枠組みはアリストテレスの時代から存在していたということであり、さらに現代の心理学の中にも同じようなパターンを見つけることができる（図2－1を参照）。

「絶対に揺るがないもの」があるか？

あなたは周囲に対して、どのようにして「自分は信頼に足る人物だ」というメッセージを発しているだろうか？

私たちはえてして、自分が周りにどんな情報を発しているかを自覚していない。しかも、その情報がミスインフォメーション（誤情報）であることも多いほどだ。

さらに困るのは、ストレスがこの問題をより悪化させることだ。人はストレスがかかると、信頼を失うような行動ばかり取ってしまう。たとえば、就職の面接を受ける場面を想像してみよう。ここで採用される確率を上げたいのなら、本当の自分を見せるのがいちばんなのだが、ストレスのせいで違う自分を装ってしまうことが多いはずだ。

ここでのいいニュースは、ほとんどの人が信頼のシグナルを安定的に発しているということ。つまり、態度をほんの少し変えるだけで大きな効果が期待できる。

まず気をつけたいのは、信頼の問題はだいたいいつも同じパターンで起こるということだ。オーセンティシティ、ロジック、共感のどれかが揺らぎ、信頼が失われたり、信頼関係を築くのに失敗したりする。このパターンを**「信頼の揺らぎ」**と呼ぶことにしよう。信頼の低下は、たいていこの揺らぎが原因になっている。そしてどうやら、人は誰でも信頼の揺らぎを経験するようだ。

その一方で、信頼の3つの要素のうち、「これだけは絶対に揺らがない」というものが誰にでもあるはずだ。たとえ夜中の3時にいきなりたたき起こされたような状況でも、その要素だけはぜったいにあてにできる。このパターンを、「信頼の揺らぎ」に対して、**「信頼の錨（いかり）」**と呼ぶことにしよう。オーセンティシティ、ロジック、共感のうち、どんな状況でもほぼ揺らがない資質があなたにとっての「錨」だ。

ステップ1　「信頼の揺らぎ」と「信頼の錨」の形を知る

実際にエクササイズを始める前に、このエクササイズが重要である理由を説明しておこう。もし明日は今日よりもたくさんの信頼を築くことができるとしたら、それはあなたのリーダーとしての有効性にどのような影響を与えるだろうか？

ここでもいつものように、頭に浮かんだ答えを紙に書くことをおすすめする。

まず、自分が期待しているほど信頼されなかった、最近の事例を思い出してみよう。もしかしたら大事な商談を成立させられなかったのかもしれないし、あるいはストレッチアサインメント（本人の能力を超える仕事を与え、大きな成長を促すこと）を任せてもらえなかったのかもしれない。誰かから能力を疑われたり、プロジェクトで蚊帳の外に置かれたりした人もいるだろう。

難しいことではあるが、ここではあなたを信頼しなかった相手の立場で考えてみよう。相手の不信感には納得できる理由があるのかもしれない。信頼が失われたのは、相手ではなくあなたの責任なのかもしれない。ここで自分の責任を認められた人だけが、このエクササイズで効果を上げることができる。

信頼の3要素のうち、あなたには何が欠けていたのだろう？　相手の立場になって、どの要素が揺らいでいたのか考える。相手の目から見て、あなたは自分の利益を最優先にしていたのだろうか？　自分のことしか考えていないという印象を与えてしまったのか？

もしそうなら、揺らいでいたのは「共感」だ。

分析の厳密さが足りない、または、あなたには野心的な計画を実行するだけの実力がないと思われたのだろうか？　その場合は、「ロジック」が揺らいでいたことになる。

あるいは、あなたの話にはどこかウソがある、いい部分を大げさに言い、リスクは隠していると思われたのだろうか？　もしそうなら、揺らいでいるのは「オーセンティシティ」だ。自分の揺らぎが見つかったら、次に「信頼のトライアングル」を描き、揺らいでいた要素の下に波線を引く。たとえば、「共感」が揺らいでいたのなら、あなたの信頼のトライアングルは図２－２のようになるだろう。

しかし、相手が部屋から逃げ出したり、あなたの計画をバカにして笑い飛ばしたりしなかったのなら、そこにはまだ何らかの信頼が残っているということだ。**３つの要素のうち、揺らがなかったのはどれだろう？**　それがこの事例におけるあなたの「錨」だ。たとえば「ロジック」が錨なら、あなたの信頼のトライアングルは図２－３のようになる。

ステップ２　揺らぎと錨のパターンを見つける

この「自己診断」には、最低でも１人は自分以外の人に参加してもらうことをおすすめする。**自分の分析を他の人にも聞いてもらうと、考えがまとまるだけでなく、一種の解放感も味わえるはずだ。**　それに、自分が立てた仮説をテストし、さらに洗練させることもできる。

理想を言えば、パートナーはあなたのことをよく知っている人がいい。自己分析の約20パ

図2-2　「信頼の揺らぎ」はどれか？

図2-3　「信頼の錨」はどれか？

ーセントは見直しが必要だと言われているので、間違いを率直に指摘してくれる人をパートナーに選びたい。また、誰かに自分の揺らぎについて話すことには、信頼を失ったことによる自己嫌悪を和らげる働きもある。信頼の揺らぎは誰でも経験する。ここで大切なのは、リーダーとしてその揺らぎにどう対応するかということだ。

より上級編を求める人には、あなたを疑う本人を分析のパートナーに選ぶという方法もある。この会話そのものにも、信頼を再構築する大きな力がある。

自分の揺らぎを相手に認めるのは、本当の自分をさらけ出すということであり（オーセンティシティ）、そして原因を分析するのは「ロジック」で、相手との関係を大切にする志を伝えるのは「共感」を意味する。

次に取り組む課題は、複数の事例を分析し、自分の揺らぎと錨のパターンを見つけることだ。**理由は何でもいいので、特に印象に残っている事例を3つか4つ選び、それぞれについて信頼の分析をしてみよう。**

自分にとってよくある揺らぎや錨は見つかるだろうか？　ストレス下でそのパターンは変化するか？　あるいは、関係する人間の顔ぶれによって変化するのだろうか？　たとえば、直属の部下を相手にするときと、自分の上司を相手にするときで、パターンに変化はあるだろうか？

著者たちは、この10年の間にあらゆるタイプのリーダーと一緒に働き、信頼の問題を解決する手助けをしてきた。クライアントにはベテラン政治家もいれば、ミレニアル世代の起業家や、ウーバーのような「破壊的企業」のリーダーもいる（ウーバーの件は本章の終わりでまた見ていこう）。

ある小売業のCEOは、自分の揺らぎを見つけると、次に相手と話すときにはその問題を解決していた。彼の揺らぎは「共感」だった。そこで、相手の目を見て話す、よりよい質問に変える、会話中にスマホを見ないといったことに気をつけると、それだけでチームとの関係が改善したのだ。

次からは、信頼の揺らぎを克服するための戦略を具体的に見ていこう。最初に取りあげるのは、優秀なリーダーによく見られる「共感」の問題だ。

【「共感」が揺らぐリーダーの特徴】自分のことだけを考える

いつも自分のことばかりで他人のことを考えないと周りから思われているなら、あなたの揺らぎはおそらく「共感」だろう。第1章でも見たように、この種の印象を与えるのはエンパワメント・リーダーシップにとって大きな障害になる。自己中心的なリーダーについていきたいと思う人はめったにいない。

分析能力と学習意欲が高い人は、共感が揺らぎになることが多い。彼らにとって、退屈は最大の敵であり、いついかなる場合であろうともあらゆる手段を講じて打ち倒さなければならない。長い行列に交通渋滞。先が読めるテレビドラマ。[b] そして理解が遅い同僚とのミーティング。

現代社会もこの傾向に拍車をかけている。私たちは24時間戦うことが求められ、デジタル機器の誘惑にもつねにさらされている。さらに「回復」のためにまとまった時間を取ることができないので、1日を通して細切れの時間を回復にあてることになる。その結果、エンパワーしなければならないまさにその相手と話しているときに、イライラして八つ当たりしてしまったりするのだ。

最近は広い部屋に大勢が集まるオープンオフィスが流行しているが、たしかに実用的でデザイン性も高いとはいえ、オープンオフィスだからこその問題もある。大勢の人と場所を共有していると、つねに誰かから話しかけられるため、1人になって落ち着くことができないからだ。(注4)

共感の揺らぎという問題がある人には、**集団の中での自分の行動、特に自分以外の人が発言しているときの行動をよく観察する**ようにアドバイスしている。

一般的なミーティングを思い浮かべてみよう。信頼の揺らぎがある人は、ミーティング開始直後に集中力が最高潮に達する（何かを学べそうだ！）。しかし、だいたいの内容を把握し、自分の発言が終わるとすぐに興味を失い、その後はミーティングがやっと終わってくれるまで集中力は低いままだ。著者たちは、この極端な曲線を「ＡＳＳ」（「頭がよすぎる人の苦悩」という意味の「Agony of the Super Smart」の頭文字）と呼んでいる。

他の人たちよりも先に何かを理解したとき、あなたはどんなシグナルを送っているだろう？　考えられる可能性は無数にある。ミーティング中に他の作業を始める、あからさまに退屈そうな顔をする、あるいはすぐにスマホを見る。

とにかくあなたが伝えたいのは、「私のような優秀な人間にとってこのミーティングは退屈すぎる」というメッセージだ。

残念ながら、自分の優秀さをアピールすると、その代償として信頼を失うことになる。自分のことしか考えていないというシグナルを発しているなら、あなたにできることはたくさんあるかもしれないが、信頼されるリーダーになることはその中に含まれない。

(b)　著者の1人は、ビデオを見るときは必ずリモコンを手もとに置いておく。そして退屈になりそうなシーンはいつも早送りするので、結局は話の筋のほとんどがわからなくなる。そしてもう1人は（偶然にも今キーボードを打っているほうだ）、この困った性癖にいつもあきれているのだ。

図2-4　共感が揺らぐ人のための新しいミーティングのルール

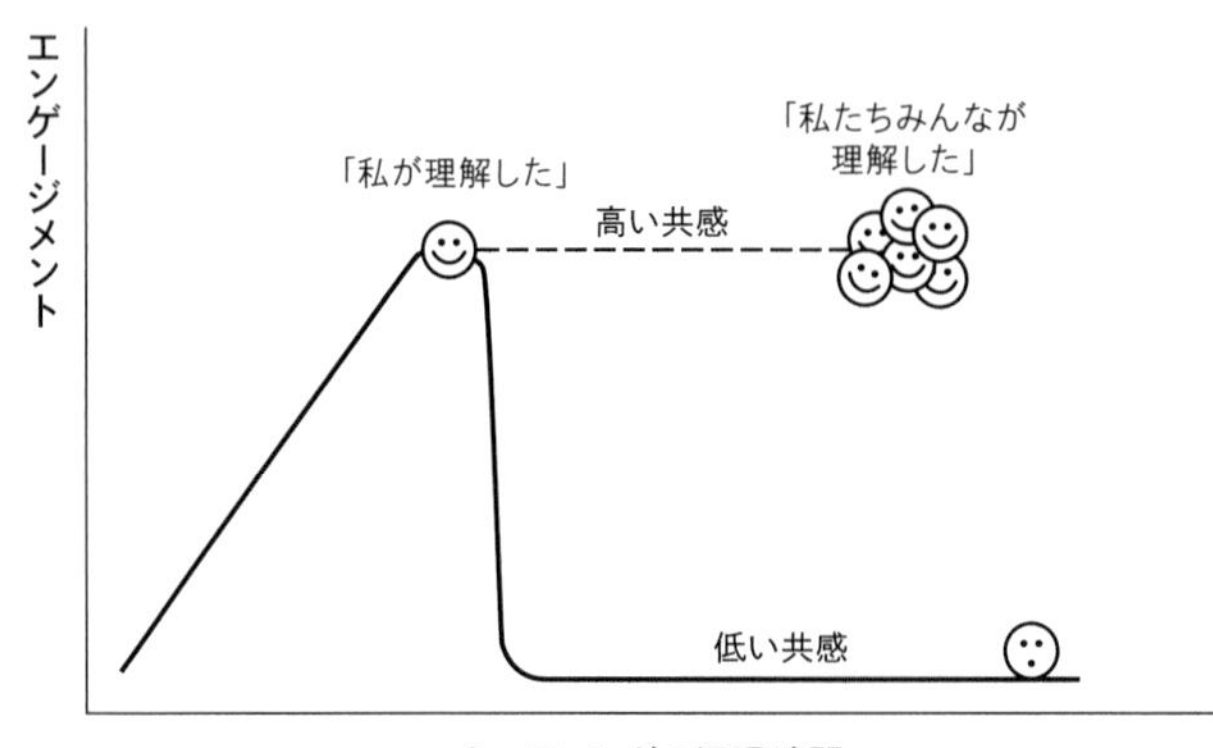

この問題の処方箋は簡単だが、実行は難しいかもしれない。ミーティングの目的を、「自分が欲しいものを手に入れる」ではなく、「他のみんなが欲しいものを手に入れる」に変えればいいのだ。言い換えると、部屋にいる全員のために、自分が責任を取るということになる。

たとえ自分が司会をするミーティングではなくても、建設的な対話を前に進める役割を自分も引き受ける。みんながコンセプトを理解できるように、わかりやすい例を探す。そして、すべての参加者が理解するまで退屈そうな態度を見せない。

メールを打ったりスマホを見たりしながらできることは、この中に1つもないということに注目してもらいたい。**ミーティング中はパソコンもスマホもしまっておくこ**

と。ミーティングの内容をメモしているふりをしても、そうでないことはすべての人にバレている。図2－4は、ここまで見てきたようなミーティングと共感の関係を表している。（注5）

簡単に言うと、**共感の揺らぎに対する処方箋は「その場にいること」**だ。

あなたの周りにいる人たちは、リーダーとしてのあなたに何を求めているだろう？　今この瞬間に彼らをエンパワーするために、何か他にできることはあるだろうか？　自分のニーズや野心のことばかり考え（あるいはスマホばかり見ていて）、意識が彼らに向かっていないなら、この問いに対する答えを見つけるのは不可能だ。

著者たちからは、何でもいいからとにかくそのスマホだけは下に置きなさいとアドバイスしたい。それだけで周りのあなたに対する信頼度は急上昇するだろう。しかも、もしかしたらミーティングを早く終わりにすることもできるかもしれない。著者たちの経験から言っても、共感力を重視したミーティングを取り入れた組織は、実際にミーティング時間を半分に短縮することに成功している（コラム「『他者中心』を貫くパタゴニアのリーダーシップ」を参照）。

COLUMN

「他者中心」を貫くパタゴニアのリーダーシップ

この10年、アメリカの職場でもっとも注目を集めたのは「信頼」だった。従業員は雇用主に対してますます不信感を募らせている。本当のことを言っていないのではないか、大変なときに助けてくれないのではないか、労働に見合った報酬を払ってくれないのではないかと疑心暗鬼になっているのだ。

グローバル化や、テクノロジーのイノベーションといった巨大な力によって、私たちの仕事はつねに変化している。そのため誰もが、将来は他の誰か（あるいは何か）が自分の仕事を奪うのではないかという心配が絶えない。今のシステムは一部のエリートだけが得をするしくみになっているという疑いが蔓延しているのも、無理からぬことだろう。

このパターンを信頼というレンズを通して見てみると、アメリカ経済全体が大規模な信頼の揺らぎという問題を抱えていると言えるかもしれない。多くのアメリカ人は、大企業は自分の利益だけを追い求め、顧客のことなどまるで考えていない、それにあろうことか従業員のことまでないがしろにしていると信じている。

たしかに現実を見れば、とても生活していけないような低賃金や、厳格な競業避止義務といった労働者を縛る決まりの数々から、消費者の個人データの不正利用まで、私たちの不信感を裏づける証拠は山ほどある。

このような状況で大きく優位に立つのは、人々の信頼を勝ち取ることができる組織だ。

たとえばアウトドアウェアのパタゴニアは、一貫して金銭的な利益よりも社会的インパクトを重視してきた。創業当初から「他者中心」のリーダーシップのお手本になっている。パタゴニア創業者のイヴォン・シュイナードは、最初から顧客、従業員、そして地球を大切にする会社をつくるつもりだったと言う。(注6)

現在、パタゴニアは年間約10億ドルの売上を誇り、1985年から一貫して収益の1パーセントを環境保護のNPOに寄付している。

アメリカの企業社会に対する信頼が大きく揺らぐなか、パタゴニアCEOのローズ・マーカリオは、自社の成功よりも大きな何かを大切にする姿勢をさらに強化する道を選んだ。彼女の在任中、パタゴニアの収益は4倍に増加した。(注7)

マーカリオは従業員の生活を大切にし、たとえば選挙の投票日など、何か大切なことがある日には店舗を休みにした。さらに2017年には、国有地の濫用(らんよう)でアメリカ政府を訴え、大きな話題にもなっている(注8)。パタゴニアの存在理由(レゾンデートル)をさらに明確にするために、マーカリオは会社のミッションステートメントを「不必要な害を与えない」から「私たちのビジネスは故郷の惑星を救うことだ」に変更した。(注9)

「仕事の未来」と共感

著者たちは、シンクタンクのブルッキングス研究所で「未来の労働力イニシアチブ」を率いるマルセラ・エスコバリから、経済全体に信頼を取り戻す方法について話を聞いた。「すべての人がローズのようになるべきなのか？」という問いに対する彼女の答えは、「イエスでもあり、ノーでもある」だった。

現在、エスコバリは「仕事の進化」に注力しているが、かつてはアメリカ国際開発庁（USAID）で南米の貧困・格差・市民の安全の問題に取り組んでいた。彼女は、たとえばベネズエラのような国で、信頼が崩壊するようすを直に目撃してきた。それと同時に、信頼の回復に成功したペルーのような例も目撃している。

不信感が蔓延するこの世界で、彼女はビジネスリーダーたちへこうアドバイスする——**長期の視点を持ち、株主の利益だけを考える姿勢を改めなければならない。**内なるローズ・マーカリオを呼び覚まし、それと同時に、「人々への投資は無限のリターンを生む可能性があるということを、決して忘れてはいけない」と彼女は言う。

エスコバリによると、高いスキルとレジリエンスを備えた労働力を育てることが、お互いへの信頼を取り戻した未来へもっとも早くたどり着ける道だという。この変化を起こすうえで、公共セクターが果たすべき役割はもちろんあるが、民間セクターの働きも不可欠だ。

何かあるとすぐに従業員を解雇するのではなく、彼らを維持することに重きを置くようになれば、テクノロジーによって職場環境が様変わりしていくこの世界で、企業はさらにエネルギーを増すことができる。

彼女によると、そう遠くない「仕事の未来」に向けてすでに準備を始めている企業はたくさんある。たとえば、コストコ、ジェットブルー、トレーダー・ジョーズなどだ。ウォルマートのような巨大企業も、革新的な方法で従業員教育への投資を始めているほどだ。２０１８年、ウォルマートが「1日1ドル」と呼ばれる社員教育プログラムを始めると、ニュースで大々的に報道された。ウォルマート社員は1日1ドル相当の学費を払うだけで、非営利のパートナー大学で勉強し、学士号や準学士号を取得できる。(注10)

アメリカの歴史を見れば、人種や性別によって教育の機会や中身に差が出る「教育バイアス」が存在することは明らかであり、その結果はキャリアの選択にも表れている。しかし、アメリカに蔓延する信頼の揺らぎを解決するには、誰もが平等に競争力のあるスキルを身につけるチャンスを与えられるのがいちばんだ。

「勝者総取り」という現状を是正する方法はたくさんある。まずは未来の職場で輝くチャンスから始めてみよう。アメリカ建国の文書でも、幸福を追求する個人の権利を守ることが約束されている。**幸福そのものではなく、幸福の追求こそが、神聖にして侵すべからざる権利**だ。この約束を尊重する姿勢を取り戻さないかぎり、信頼の問題を解決することはできないだろう。

ブラジルの思想家で教育者のパウロ・フレイレは、著者たちが尊敬する人物の１人だ。「教育者の仕事は、生徒が自分自身になるのを可能にすることだ」と彼は言っている（注11）。自分が持つ能力を完全に発揮することこそ、人間にとってもっとも高次の欲求だ。そして、他者がその進化を起こすのを助けることこそが、人間が体現することができる最高の「共感」ということになる。

仕事の未来、そしてマーカリオが救おうとしているこの星の未来は、私たちのそれぞれがお互いの進化に貢献する意志にかかっている。

【「ロジック」が揺らぐリーダーの特徴】言動がどこか頼りない

アイデアを出しても真剣に受け取ってもらえない、あるいは実行力を疑われていると感じているなら、あなたは「ロジック」に揺らぎがあるのかもしれない。

ここでのいいニュースは、たいていはあなたのロジックに問題があるのではなく、あなた自身が自分のロジックに自信がないのが原因だということだ。実際のところ、どちらであっても結果は同じだ。あなたが自分の判断に自信がなければ、周りの人もあなたにハンドルを握ってもらいたいとは思わないだろう。

めったにないことだが、本当にロジックの揺らぎが問題になるケースもある。そんなとき、著者たちはデータに立ち返ることを推奨している。自分の主張を裏づけるエビデンスを提示し、事実だとわかっていることを話す。そして、これがいちばん難しいのだが、そこで話をやめること。

ラリー・バードが伝説のバスケットボール選手になった理由の1つは、決まる可能性が極めて高いシュートしか打たなかったからだ。その選択が、バードとその他大勢の選手を分けるカギだった。

たいていの選手は、エゴとアドレナリンに負けて無謀なシュートを打ってしまうことが多い。バードは厳しいトレーニングを重ね、どんな状況なら自分が確実にシュートを決められるか理解していた。その結果、どんなに試合で興奮していても、決まると確信できる瞬間だけシュートを打てるようになったのだ。**もしあなたの揺らぎがロジックなら、バードのように「自分の能力の範囲内でプレイする」ことを心がけるといいだろう。**

その感覚をつかんだら、次は自分の能力を拡張していく。その過程で、他の人たちから学ぶことをためらってはいけない。他の人の知識やアイデアは、職場でもっとも貴重で、そしてもっとも見過ごされているリソースの1つだ。しかし、そのリソースを手に入れるには、リーダーが特に苦手なことをする必要がある。それは、「自分がすべての答えを持っているわけではない」と認めることだ。

著者たち自身は、キャリア初期の苦い経験からこの教えを学ぶことができた。かつては著者たちも、自分のロジックの欠点を隠して強がるばかりで、他人に助けを求めるのを拒否していた。その代償は、もっと早く成長するチャンスを逃してしまったことだけではない。同僚たちとより強固な関係を築くチャンスも逃してしまった。

とはいえ、ロジックに揺らぎがある人のほとんどにとって、問題はロジックの厳密さではない。ロジックが原因で信頼が低下してしまうのは、たいていの場合、自分のアイデアを効果的に伝えられないことが原因になっている。

図2-5　ロジックに揺らぎがある人のためのコミュニケーション法

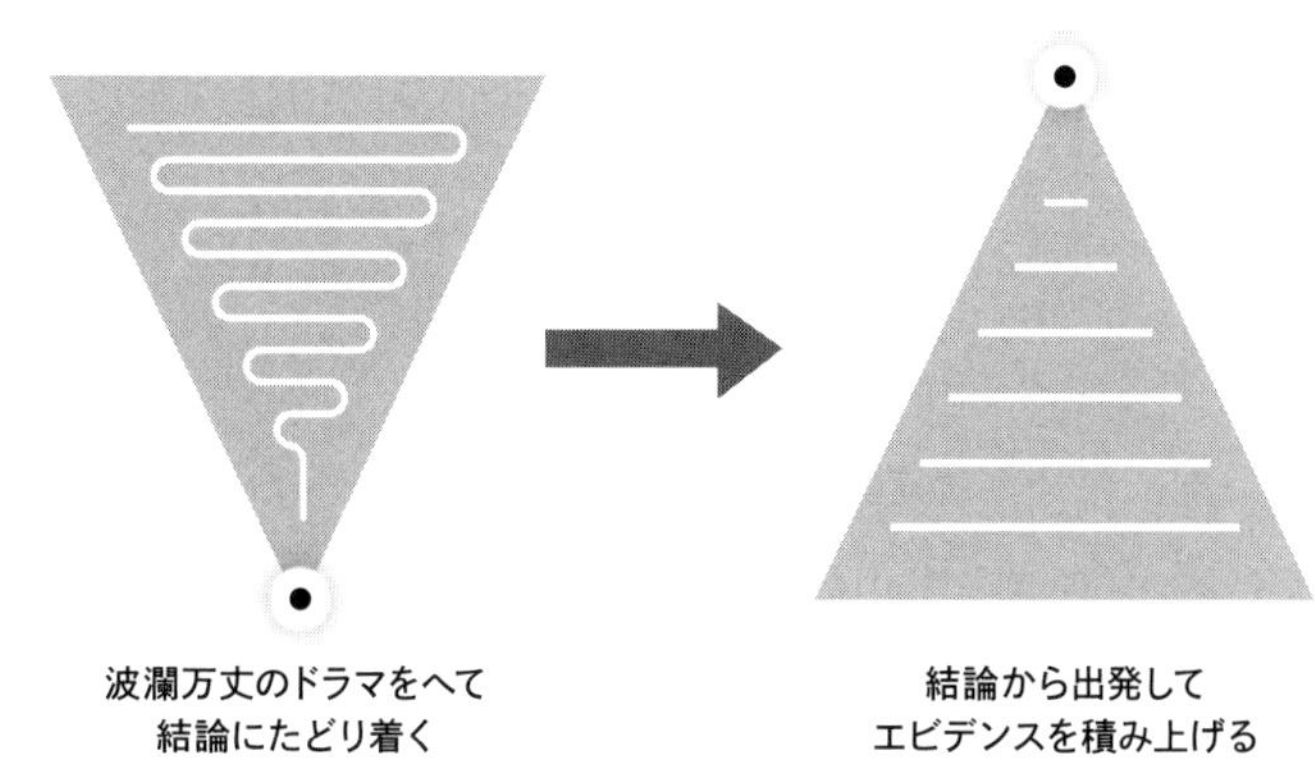

複雑な考えを伝える方法は、大きく分けて2つある。1つは、聞き手を物語の旅に連れていくという方法だ。波瀾万丈（はらんばんじょう）のドラマがあり、そして最後は無事に目的地に到着する。話のうまさで知られる人の多くもこのテクニックを使っている。

この方法を図で表すと、図2－5の左の逆三角形のようになる。上にある底辺から始まり、三角形の中をぐるぐる回りながらいちばん下の頂点を目指すような話し方だ。しかし、ロジックに弱点がある人にとってはリスクの高い方法かもしれない。物語に説得力がなければ、聞き手は途中で飽きてしまうだろう。

そこで、図2－5のもう1つの三角形を見てみよう。**頂点の結論から話を始め、次にその裏づけとなるエビデンスを積み上げ**

ていく。この方法は、話し手のビジョンが明確になり、さらに事実を着実に提示することもできる。聞き手はあなたのロジックを追いやすく、さらに話の途中で何か邪魔が入っても、少なくとも結論だけは最初に伝えてある。

三角形を逆にするだけで、ロジックの揺らぎの問題をすぐに解決することができる。しかもそれに加えて、職場にありがちな不正、たとえばミーティングでアイデアを出した直後に盗まれるといった事態を避ける効果もある。手癖の悪い同僚は、勝手にあなたの逆三角形をひっくり返して、その結論を自分が考えたようなふりをするのだ。

【「オーセンティシティ」が揺らぐリーダーの特徴】本当の自分を見せない

周りから「本当のあなたがよくわからない」と思われているなら、あなたの揺らぎポイントは「オーセンティシティ」だ。あなたが何を知っていて、何を考え、何を感じているかということが、周りの人にきちんと伝わっていない。本当の自分ではなく、綿密に計算した「つくられた自分」を見せているのであれば、周りの人との間に見えない壁ができてしまうだろう。

自分のオーセンティシティ度を簡単に判別する方法がある。

仕事中の自分と、家族や友人と一緒にいるときの自分はどれくらい違うだろう？　もし大きな違いがあるというのなら、自分の一部を隠したり、最小化したりすることで、あなたはどんな利益を得ているだろう？　それは周囲からの称賛だろうか？　それとも自分の安心感だろうか？　この質問に簡単に答えられるなら、オーセンティシティの揺らぎがあなたにとって大きな問題である可能性は高い。

「自分らしく」あるのがいいことは頭ではわかっていても、これまでの経験から、ある種の事実はどうしても隠しておきたいという人もいるかもしれない。クィアに対する理解がまったくない職場で働いているなら、カミングアウトはしないと判断するのが妥当ということになるだろう（たしかにつらい決断ではあるが）。

あるいは、本当の自分を出すのはむしろよくないという空気も存在する。たとえば職場でネガティブな感情を出すことについては、女性のほうが厳しく評価される。そして黒人男性は、怒りっぽいという間違ったステレオタイプに今でも苦しめられている。（注12）

ここで言う「自分を隠す」とは、慎重な自己検閲のことではない。状況を考えれば、自分を守るために自己検閲が必要なこともある。（注13）

著者たちが問題にしているのは、職場でうまく立ち回る戦略として自分を偽ることだ。これで短期的にはうまくいくかもしれないが、本当の信頼関係につながることはない。それがひいては、あなたのリーダーとしての能力に影響を与えることにもなるだろう。

私たちは、何かを隠している人、本当の自分を出さない人を信用しない。リーダーの価値観や信じていることがわからなければ、周りの人も本心を見せなくなるだろう。それでは効果的なリーダーシップを発揮することが難しくなる。

パターンの現れ方はいろいろあるが、著者たちは、多様性の高いチームでこの問題が起こったときのコストを実際にこの目で見てきた。現代のマーケットでは多様性は強力な資産になり、多様性を正しく使うことができる会社はかなり優位に立つことができる。しかし、著者たちの経験から言うと、このアドバンテージは自動的に手に入るわけではない。

いくら多様な意見やバックグラウンドのメンバーを揃えても、それがそのまま高いパフォーマンスにつながるとはかぎらない。(注14)

不都合な真実をはっきり言ってしまえば、**たとえ多様性の高いチームであっても、適切なマネジメントがなければ同質なチームに負けることがある。**その原因の一部は、**「共通情報効果」**(注15)と呼ばれる現象だ。

私たち人間は、他者との共通点に注目する傾向がある。そしてお互いに同じ知識を持っていることがわかると、グループの結束を確認して安心するのだ。多様性の高いチームでこの共通情報効果が起こると、共通点が少ないという特徴から、意思決定のときにチームで共有する情報が少なくなってしまうという問題がある。

図2-6　多様なチームと同質なチームが入手できる情報

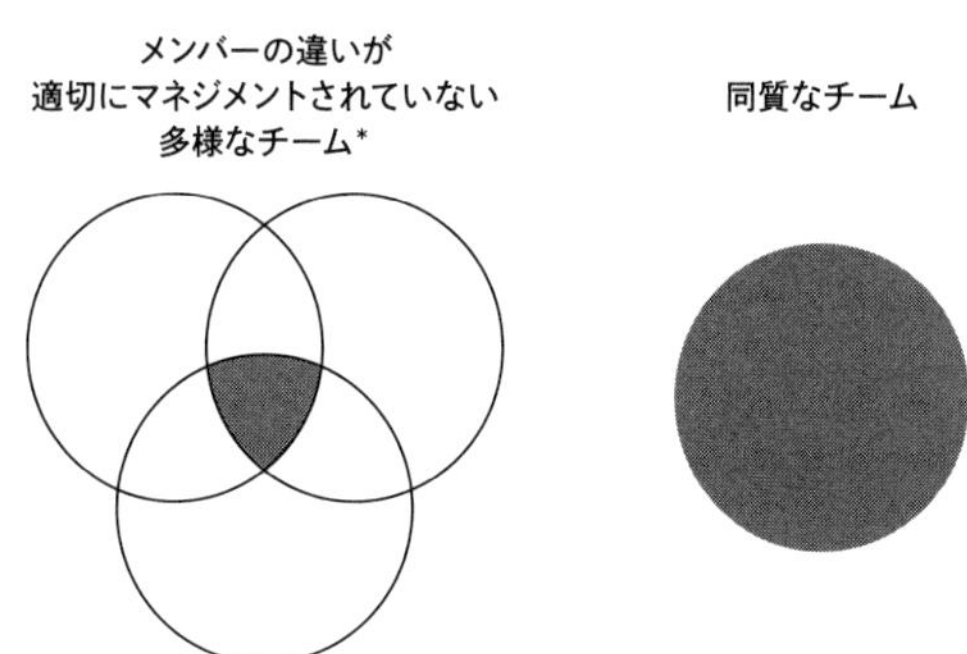

＊共通情報効果により各メンバーに共通する知識ばかりに注目が集まり、独自に持っている情報へのアクセスが制限される。

図2－6は、多様なチームと同質なチームの比較だ。

メンバーは3人で、左が多様なチーム、右が同質なチームになる。多様なチームで違いをきちんとマネジメントしなければ、共通情報効果によって同質なチームのほうが有利になる。

言い換えると、多様なチームと同質なチームをまったく同じように管理したら、同質なチームのほうがいいパフォーマンスを発揮するということだ。フィードバックやトラストフォール（他のメンバーが自分の身体を支えてくれることを信じて倒れること。チームビルディングのテクニックの1つ）をどんなに実施しても、同質なチームの共通情報効果にはかなわない。

図2-7　包摂的なチームが入手できる情報

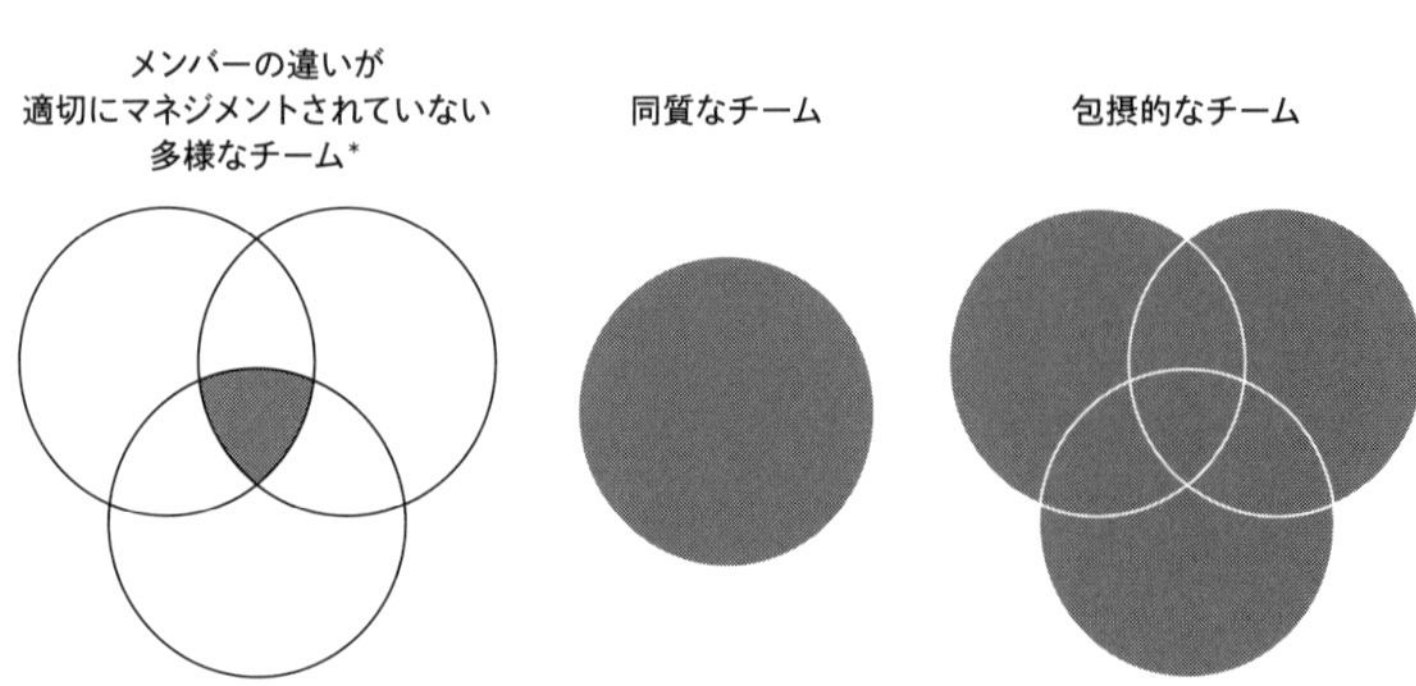

＊共通情報効果により各メンバーに共通する知識ばかりに注目が集まり、独自に持っている情報へのアクセスが制限される。

しかし、共通情報効果が多様なチームにとって不利に働くのは、あえてオーセンティシティの揺らぎを選択する、つまり本当の自分を隠したときだけだ。

多様なチームが自分らしさを隠さず、独自性を積極的に開示すれば、チームがアクセスできる情報の量は格段に多くなる。そのとき、多様性は無敵の武器になるだろう。そうなると、世界は図2－7のような状態に近づいていく。多様性が最大限に活用された包摂的な3人のチームが、もっとも高いパフォーマンスを発揮するのだ。

この状態を達成できるかどうかは、オーセンティシティの揺らぎを抱える人たちの勇気にかかっている。著者たちも、それがどんなに難しいかよくわかる。状況によっては、どうしても本当の自分を出せないこともあるだろう。

著者たちもキャリアのあらゆる段階で、自分を偽りたいという誘惑と闘ってきた。2人とも白人という点ではマジョリティかもしれないが、同性愛者であり、自分たちに対しても他者に対しても明確な意見と高い野心を持っている。そして著者たちの1人は、男性の服装のほうが落ち着くタイプだ。ある種の状況では、著者たちは「違う」存在になるだろう。

しかし、普通とは違うとされる人たちが「普通であれ」という社会のプレッシャーに負けると、その人たちの中にあるもっとも価値のある部分が抑圧されることになる。

それぞれの違いこそが、社会に貢献できるもっとも貴重な価値であるのに、それを隠すことになるだけでなく、リーダーとしても周りから信用されなくなるだろう。その結果、偏見がさらに助長され、チームの力が縮小する悪循環にはまることになる。自分を小さく見せるほど、リーダーの仕事に必要なスペースを確保することも難しくなるのだ。

自分は「普通」だから関係ないという人もいるかもしれないが、これを自分事として考えなければならない理由を説明しよう。オーセンティシティの欠けた人間関係で損失を被(こうむ)るのは私たち全員だ。そして、**オーセンティシティが花開くような包摂的な環境であれば、すべての人がより大きく飛躍するチャンスを手に入れることができる。**

それはつまり、ジェンダーバイアスは女性だけの問題ではないということだ。構造的レイシズムも、アフリカ系やラテン系のアメリカ人だけの問題ではない。「違う」人たちが背負わされている重荷を、「普通」の人たちを含めて全員で分担するような職場環境を構築することは、私たち個人にとっても、組織全体にとっても喫緊の課題だ。

この問題については第4章でさらに詳しく見ていくが、最初に伝えておきたいのは、「解決するのは思っているほど難しくない」ということだ。

包摂は喫緊の課題であり、同時に達成できるゴールでもある。多くの組織は、特に恐怖や混乱を感じることなく、毎日のように破壊的なイノベーションを起こしたり、複雑な組織を育てたりしている。それに比べれば、包摂を達成するのはずっと簡単だ。多様性が花開く組織を率いること、その過程で本当の自分を見せることに完全な責任を持って取り組めば、信頼を築き、そして真の包摂を達成できるチャンスは極めて大きくなる。

だから、**常識にとらわれず好きな服を着よう。周りに求められている言葉を考えるのではなく、自分が本当に言いたいことを考えよう。**批判など気にせず、本当の自分を世界にさらけ出す。そうやって自分の「違い」を大切にするなら、周りにいるあなたと違う人たちにも特別な配慮を見せなければならない。あなた自身の才能を解き放つには、彼らの「違い」が必要だからだ（コラム「デジタル時代に自分をさらす方法」を参照）。

COLUMN

デジタル時代に自分をさらす方法

最近はSNSやインターネットの影響で、いやでも人の目を意識せざるをえない。自分をさらけ出したりすると、すぐに厳しい反応が返ってくる。何か失敗をしてしまったときの恐ろしさは言うまでもない。この環境が、オーセンティシティの揺らぎを生む大きな原因になっている。ネットで叩かれて傷つくくらいなら、本当の自分を隠したほうがいいと誰もが考えるだろう。

しかし著者たちは、このプレッシャーに負けて自分を隠す代償は高くつくと信じている。オーセンティシティのない人は、周りから完全に信用されることはない。そして完全に信用されないと、自分の潜在能力をフルに生かしてリーダーシップを発揮するためのプラットフォームを築くこともできないだろう。

デジタル時代は誰もが批評家だ。そんな時代に本当の自分を出して生きるためのアドバイスをいくつか紹介しよう。

・「瞑想」によって原始的な脳から支配権を取り戻す

原始的な脳は生存のために存在し、あなたを守ることにかけてはすばらしい仕事をする。しかし、原始的な脳にすべての判断をゆだねてはいけない。たとえばそれは、脅威の度合いを正しく判定するのが苦手だ（人前でのスピーチを生死に関わる脅威と判定し、大量のアドレナリンを分泌したりする）。

また、原始脳は長期の思考も苦手だ。原始脳の使命はとにかく目の前の1日を生き延びることであり、世の中に意義深い影響力を与えることを目指すリーダーシップの旅のことまでは考えていない。

仏教では数千年の昔から、この原始脳をコントロールする方法が模索されてきた。現代のマインドフルネス運動は仏教から生まれたものであり、さまざまな役に立つツールを提供してくれている。著者たちも、マインドフルネス瞑想には効果があると考えている。（注16）

・自分らしさを引き出してくれる「きっかけ」を見つける

自分の人間的な面を引き出してくれるような人や物事を見つける。それは愛する配偶者かもしれないし、大ファンのスポーツチームかもしれない。『ハリー・ポッター』の話になると止まらないという人もいるだろう。自分の周りにそういう「きっかけ」をそろえよう。あるいは、ウソの自分がよく出てしまうような場面に、それらのきっかけを一緒に連れていけたらなおいいだろう。

そう遠くない昔、アンは新しい投資家に自分のビジネスを売り込むときに、本当の自分を隠してしまうことがあった。表面を取り繕ったほうが安全だと感じてしまうのだ。そこで彼女は、著者たちの息子の物語を会話に取り入れることにした。彼女がその会社を設立しようと考えたのは、息子の経験から刺激を受けたからだ。

その結果、アンは本当の自分を出せるようになり、会社のビジョンをより効果的に伝えられるようになった。

・台本を捨てる

ロジックを強調するためにオーセンティシティを犠牲にするのは間違っている。知識が豊富で、理論的な話し方ができるのは、たしかにリーダーにとってプラスになる資質だが、信頼関係を築きたいのであれば、論点だけでなく人間性もアピールしなければならない。台本を捨て、思ったことを自由に話せる機会を大切にしよう。

もし必要なら、まずリスクの低い状況から始める。たとえば、気軽なランチ、仲間との雑談などだ。自分を出すことに慣れてきたら、徐々により公式でリスクの高い状況に移行していこう。

・「なぜ」を説明する

あなたが毎日していることには、それをする理由があるはずだ。たとえば、あなたはなぜリーダーをしているのだろう？　多くのリーダーは、この根源的な真実を自分の胸の内だけにとどめている。単なる習慣からそうしているのかもしれないが、自分にとって本当に大切な価値を伝えずにいると、信頼関係を築くチャンスを逃してしまうかもしれない。同僚たちにこの「なぜ」を説明していないなら、彼らは自分で勝手に空白を埋めるしかない。その答えは、正しいかもしれないし、間違っているかもしれない。

・人前で学ぶ

信念があるのはすばらしいが、ある時点でそれは間違った思い込みになるかもしれない。新しい情報や経験に基づいて、自分の考えをつねにアップデートしていこう。

さらにそれを人前で行えば、進化する勇気のあるリーダーシップのお手本を見せることもできる。私たちは学びを通して、よりオーセンティックな自分を経験できるだけでなく（人間の脳は本来、常時アップデートされている）、周りにいる人たちに対しても、つねに学び、新しい知識に対してオープンになろうというメッセージを伝えることもできる。オーセンティシティのいいところは、伝染する力が異常に高いことだ。

・チームをつくる

オーセンティシティは個人競技ではない。自分の偏見の中に閉じこもっていては、本当の自分を出すことはできない。友人や同僚のチーム（大文字のTで始まるチームだ）をつくり、本当の自分とつながる手助けをしてもらおう。このチームのメンバーになるには、大胆なリーダーであるあなただけでなく、不安を抱えたあなたも受け入れなければならない。このチームと最低でも1カ月に1回は一緒にすごすようにしよう。（注17）

・他者の才能を解き放つことに集中する

そして最後に、リーダー本来の仕事を思い出す。それは、自分がいるときも、いないときも、他者をエンパワーすることだ。あなたが自分の野心や、自分の欠点のことばかり考えるのをやめるほど、本当の自分が表に出るチャンスが増え、リーダーとして本当の仕事ができるようになる。

再びウーバーの物語

それでは、ウーバーの揺らぎはどこにあったのだろう？

著者たちが呼ばれたとき、ウーバーは間違いなく揺らいでいた。当時の著者たちは、その状態を「大混乱（ホット・メス）」と呼んでいる。（注18）

ここで、信頼の基本をおさらいしておこう。「共感」の観点から考えると、ウーバーは数え切れないほどの人々の生活を向上させることに成功したが、利害関係者にとってのもっとも大きな懸念の多くは解決されないままだった。たとえば、ドライバーに健全な労働環境を提供し、まともに生活できるだけの収入を保証することだ。（注19）「ロジック」の面はどうかというと、ウーバーはたしかに急成長を遂げていたが、このビジネスモデルが長期にわたって有効であるかどうかについては疑問が残る（注20）。ウーバーもそろそろ、これらの疑問にきちんと答えなければならない時期にさしかかっていた。それに加えて、ウーバーの経営チームも、この規模の会社を率いる能力があることを証明しなければならない。（注21）

そして最後に「オーセンティシティ」の観点から見ると、ウーバーが本当のことを言って

いるのか誰も確信が持てない状況だった。（注22）

カラニックは、ウーバーに信頼の問題があることを理解していた（注23）。フランシスがカラニックに招かれ、ウーバー初のリーダーシップ・戦略担当上級副社長に就任したときは、この会社のもっとも大きな揺らぎを解決するための対策がすでにいくつも実行されていた。ファウラーが自身のブログでウーバーを告発すると、カラニックはオバマ政権で司法長官を務めたエリック・ホルダーを招き、ハラスメントと差別に関する内部調査を依頼した。ホルダーの提案した抜本的な改革案は、すでにいくつか実行されていた（注24）。それに加えて、ドライバーがチップを受け取れるようにする新機能が、もうすぐアプリに搭載されるところだった。これが始まれば、最初の1年でドライバーの収入が6億ドル増えると見込まれていた（注25）。さらに、ドライバーと顧客を守るための安全機能の開発もすでに始まっていた。（注26）

カラニックは、信頼構築のためのそれらの試みを最後まで見届けることはできなかった――少なくともＣＥＯとして見届けることはなかった。

２０１７年6月、カラニックが母親の急死で忌引き休暇を取っている最中に、取締役会が

（c）カラニックはウーバーの取締役と株主としての地位は維持していたが、２０１９年12月にそのどちらも手放した。

彼を解任したのだ。(c) フランシスはその夏の終わりまで、新しい経営チームと協力して、新しいCEOを探しながら会社の建て直しに奔走した。9月になってダラ・コスロシャヒが新CEOに就任した。彼には若い会社を効果的に率いてきた実績がある。

フランシスはコスロシャヒと共に、すぐに社内の信頼回復に取り組んだ。2人は協力してウーバーの社内文化を書き換えた。全従業員1万5000人から意見を募り、ウーバーが守るべき価値を確立していった。そうやって決まった新しいモットーが、「私たちは正しいことをする。以上」だ。コスロシャヒは他にも、就任間もない時期に規制当局との関係を強化し、ロジックを重視して万人に受け入れられるようなサービスと市場を確立したという功績がある。(注27)

ウーバーTシャツの着用率アップ

著者たちがこの段階でもっとも重視していたのは、従業員レベルでの信頼を再建することだ(注28)。簡単に発見できて、修正できる問題もいくつかあった。

たとえば当時のウーバーでは、ミーティングの最中に、テキストメッセージで同じミーティングに出ている人について話すという習慣があった。テック企業ではよく見られる光景だが、「共感」がまるで感じられない行為であり、著者たちも最初に目撃したときは心底驚いた。そこで、ミーティング中はスマホやパソコンの電源を切るというルールを導入したところ、きちんとお互いに目を見て話す習慣を取り戻すことができた。

しかし、そう簡単には解決できない問題もあった。たとえば、数千人いるマネジャーのスキルアップがそうだ。著者たちの考えでは、ウーバーはその急成長に見合うほど人材に投資をしていなかった。マネジャーの仕事はますます複雑になっているが、それに対応するだけの訓練を受けていない。(注29)

これは「ロジック」の揺らぎであり、その対策として、オンラインを活用した管理職教育を大々的に導入した。オンラインの利点は、従業員がサンフランシスコにいようと、あるいはロンドンやハイデラバードにいようと、お互いに顔を見ながら討論ができることだ。

当初の試験プログラムは任意参加であり、場所によっては参加しづらい時間(たとえば真夜中)に設定されることもあったが、50カ国以上に散らばる6000人のウーバー社員が、この6日間で24時間にわたるプログラムに参加した。あそこまで大規模で、中身の充実した短期集中の管理職教育プログラムは珍しいだろう。

このプログラムによって、マネジャーたちは必要なスキルやツールを短期間で身につけることができた。もちろんその過程で信頼関係の構築にも成功している。たくさんのコミュニケーションの三角形が逆さまになっていたが、それを正しい向きに直してロジックを改善した。ウーバー社員は、聞くスキルを向上させただけでなく、協力的な雰囲気を生み出す話し方も身につけた。その結果、部署や地域を超えた協力関係がたくさん誕生している。

フランシスはまた、就任から30日以内に国外の重要な拠点も訪れている。そこで安全な場所を確保すると、従業員から率直な話を聞くとともに、彼らにふさわしい立派な会社をつくるという経営陣の決意を伝えた。

あのころはウーバー社員であることを恥ずかしく思う人も多かったが、フランシスは毎日ウーバーTシャツを着て出勤し、すべての従業員が会社に誇りを持てるようになるまでそれを続けた（ちなみに、毎日というのは本当に毎日で、フランシスは休日も週末もウーバーTシャツを着ていた。正装が求められる集まりにもそのまま出かけ、家族が気まずい思いをしたこともある）。

フランシスの任期が終わるころになると、ウーバーは揺らぎの少ない組織に生まれ変わっていた（注30）。未解決の問題もあったが、従業員センチメントやブランド健全性といった指標は順調に回復し、IPOへ向けた動きも本格化していた（注31）。優秀な人たちが会社に残ることに決め、もっとたくさんの優秀な人たちが新しく入社してきた。

そして著者たちが特に嬉しかったのは、街中でウーバーTシャツを着ている人をよく見かけるようになったことだ。これもひとえに、才能と創造性あふれる従業員たちがあらゆるレベルで学びにコミットし、そして最初はカラニック、そして次にコスロシャヒが、信頼の基礎を築くことに成功した結果だろう。

他人の前に、自分を信じる

ウーバーの事例はこの先の章（特に第6章）にも登場する。しかしこの章では、最後にこんな質問をしたい。

あなたはどれくらい自分を信じているだろう？

リーダーとして他者を導くなら、信頼が出発点だ。しかし、リーダーシップへの道はそれよりもずっと前から始まっている。それは、自分自身をエンパワーしようという意志だ。この「自分と自分」というもっとも親密な関係で、あなたにはどんな揺らぎがあるだろうか？

たとえば、あなたは自分に対して共感や思いやりが足りないかもしれない。第1章でも見たように、自分のニーズをきちんと満たしていないなら、効果的なリーダーになって他者の才能を解き放つ強さを手に入れることはできないだろう。あるいは、自分のロジックとリーダーとしての能力に自信がないという人もいるかもしれない。

そして最後に、あなたは自分の本当の野心を自覚しているだろうか？　それとも、世間に合わせて自分を偽り、自分が本当にやりたいこと、本当にワクワクすることを隠しているのだろうか？　後者に対する答えが「イエス」、あるいは「もしかしたらそうかもしれない」であっても、おそらくあなたのオーセンティシティはブロックされた状態にある。

ここで大切なのは、私たちが他者との関係で経験する揺らぎや錨は、たいてい自分との関係にも当てはまるということだ。だからこそ、自分との信頼関係を確立することがカギになる。自分を完全に信頼していないのなら、他人から信頼されることを期待できるわけがない。

他者との関係、そして自分との関係で信頼の揺らぎを解決したら、次の課題である「愛」に進むことができる。第3章では、エンパワメント・リーダーシップにおける愛の役割について考え、他者が安心して能力を発揮できる環境を構築する方法を見ていこう。

現状分析

自分を知るための質問

☑明日は今日よりも大きな信頼を築くようにしたら、あなたのリーダーシップはどのような影響を受けるだろう？

☑「共感」「ロジック」「オーセンティシティ」という信頼の3つの要素のうち、信頼関係が崩れる、あるいは信頼を深めるのに失敗するときに、あなたの中でもっとも揺らぐことが多いのはどの要素だろう？

☑他者との信頼関係を築くときに、ストレスやプレッシャーからどんな影響を受けるだろう？　揺らぐ要素が変わるか、あるいは揺らぎがさらに大きくなるか？

☑あなたは、主要な利害関係者との信頼関係を改善する必要のある組織、あるいはチームのリーダーだろうか？　もしそうなら、あなたの組織やチームの構造的な揺らぎは何だろう？

☑自分の信頼の問題がわかったら、そこからどう意味のある行動につなげるか？　周りの人たちの信頼をより深めるために、今すぐにできることは何だろう？

第3章 愛——古今東西の偉人に学ぶ「正義のリーダーシップ」

高い基準と深い献身を両立させるとき、あなたは他者をエンパワーする。

世界初のリーダーシップ学者の1人は、古代ローマの歴史家ウァレリウス・マクシムスだ(注1)。ここから少しの間、古代史学者の間で親しみを込めて「ウァルマックス」と呼ばれるこの人物の物語につきあってもらいたい。

彼の言葉とアイデアは、エンパワメント・リーダーシップと驚くほど深く関係しているからだ。まずは古代ローマへの旅に出かけるが、数ページ後には現代に戻り、あなた自身のリーダーシップのパターンについて考えていく。

ウァルマックスには使命があった。彼は一部のエリートしかリーダーシップの教育を受けられないことに疑問を持ち、紀元後20年の後半から『記憶に残る行動と言葉(Memorable

Deeds and Sayings)』という有名な本の執筆を始める。（注2）

この本に書かれた彼のアドバイスは、包括的であり、実践的だ。子育てや友情に関しては、まるで専門家のようなアドバイスをしている。しかし、彼が特に興味を持っていたのは、優秀な為政者と軍の指揮官を育てることだ。ウァルマックスはたとえるなら、古代ローマのスティーブン・コヴィーのような存在だ。

ウァルマックスには伝えたいことがたくさんあった。彼は「厳格さ」と、必要なら心を鬼にすることの美徳を称賛する。リーダーたるもの、間違った行いは厳罰に処し、他の者たちに示しをつけなければならない。しかしその一方で、彼は丸々1章を費やして**「奴隷の忠誠心」**について書いている。ウァルマックスが描く歴史では、奴隷もある程度の自己決定権を持っていた[a]。

彼はどうやら、その章の物語を利用して、自分自身を超えた何かへの服従について語りたかったようだ。少なくとも現代人である著者たちにはそのように読める。つまり簡単に言うと、ウァルマックスは人類でもっとも早い時期に、「自分以外の何か」のために生きることについての本を書いたということだ。

(a) 古代ローマの奴隷制は過酷で暴力的だったが、奴隷の期間が決められている場合もあり、自由だけでなく市民権すらも獲得する道が明確に定められていた。

圧倒的な権威と、他者への義務

ウァルマックスの本を初めて読んだとき、著者たちは衝撃を受けた。現代のリーダーが直面する問題の多くがすでに言及されていたからだ。たとえば彼は、必要ならとことん厳格になることの価値を説き、さらに使命や人々への忠誠心も大切だと言っている。しかし、どちらもそれだけでは栄光に到達することはできず、限度を超えるのは問題であるとも彼は言う。真のリーダーシップの偉大さとは、どうやらまったく違う規範の中にあるようだ。彼はその規範を**「正義」**と呼ぶ。

ウァルマックスによると、**正義でもっとも大切なのはバランス**だ。たとえ互いに矛盾するように感じられても、複数の美点を同時に体現することが求められる。

もちろん、ウァルマックスがもっとも称賛するリーダーは勝者だが、勝利のために高潔さを犠牲にすることは認めていない。偉大なリーダーは、ウソ、不正、そして汚い手を使って集めた証拠を利用することを拒絶する。敵の尊厳にも敬意を払い、不名誉な勝利を潔(いさぎよ)しとしない。

彼の本でもっとも印象深い物語の1つを紹介しよう。ある議員が、姦通罪を犯した息子の運命を決めることになった。市民は父親である議員の気持ちをおもんぱかり、厳罰は免除し

図3-1　ウァレリウス・マクシムスの世界観

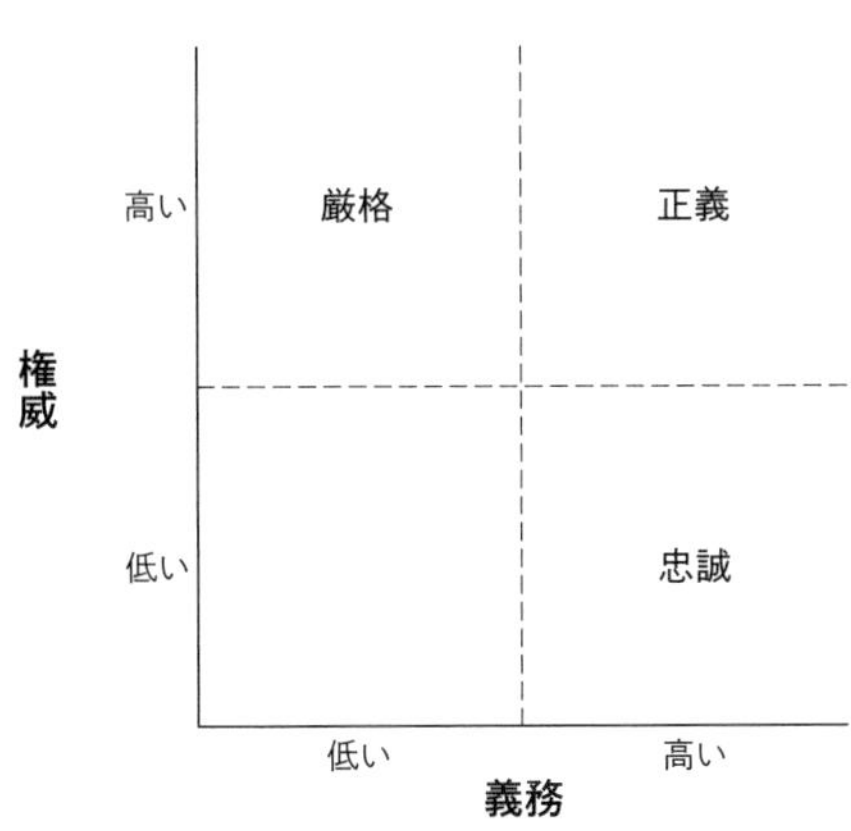

よう提案した（姦通罪の罰は両目をつぶすことだ）。しかし父親は、その提案を拒絶した。そして自分の片目をつぶし、さらに息子の片目をつぶすことで、「息子思いの父親と、正義を重んじる立法者の間で（中略）見事にバランスを保った」のだ。（注３）

正義の本質はこの種の物語に現れているようだ。強さと共感を併せ持つことはまれだが、正義のリーダーシップは、まさにこの組み合わせを達成することを意味する。いつでも戦闘開始できる獰猛さと、冷静に周りを落ち着かせる優雅な知性だ。

正義とは、誰かに盲目的に尽くすことでもなければ、一心に力を追い求めるあまり人間性を失うことでもない。義務を放棄して権威を行使することではなく、権威を犠牲にして義務を行使することでもない。

ヴァルマックスの教えを現代的な枠組みに落とし込むと、図3−1のようになるだろう。縦軸が「権威」で、横軸が「義務」だ。リーダーであれば、どちらの資質でも高得点を出し、右上の「正義」のマスに入ることを目指さなければならない。圧倒的な権威と、他者への義務を深く自覚する姿勢が必要だ。

厳しさと愛情のバランスを保つ「5パーセントルール」

著者たちの経験から言えば、ヴァルマックスが筆を執った時代から数千年がたっているとはいえ、彼の世界観の根底には現代にも通じる真実がある。

リーダーがもっとも効果的に他者をエンパワーするには、著者たちが**「高い基準と深い献身」**と呼ぶ資質を備えることが不可欠だ。

リーダーの求める基準が高く、明確であれば、私たちは努力してその基準に到達しようとする。そして、リーダーに対する完全な信頼があれば、基準に到達する可能性はかなり高くなる。これは一種の愛のムチであり、厳しさと愛情に同等の重きが置かれている。この章を読み終わるころには、これこそが至高の愛の姿だと納得してもらえたら幸いだ。

古代ローマから離れて、最近の事例も見てみよう。

リサ・スーは半導体メーカーAMD初の女性CEOだ。彼女の指揮の下、AMDは破産寸前の状態から持ち直し、5年後にはめざましい業績を上げるまでになった(注4)。彼女自身は、社内のコミュニケーションを明確化したことが成功の秘訣だと考えている(それに加えて、起業家の母親もいいロールモデルになってくれたという)。

しかし著者たちは、スーのリーダーシップには高い基準と深い献身の組み合わせがあると考えている。たとえば、彼女が掲げた「5パーセントルール」はその一例だろう。これは、何かのタスクをするたびに、少しずつ向上していくことを目指すというルールだ。

彼女の考えでは、50パーセントの向上では気が遠くなり(ヴァルマックスなら「厳格すぎる」と表現するだろう)、そして現状維持では目標が低すぎる。つねに5パーセントの向上を目指すのは、まさに「正義を達成するバランス」だ。(注5)

周りの人は「あなた」をどのように体験しているか?

ここからは、あなた自身のリーダーシップのパターンについて見ていこう。

まず図3－2「基準と献身マトリックス」(109ページ)を見て、自分はどのマスにいるときがもっともリーダーの仕事がしやすいかを考えてほしい。この図ではヴァルマックスに敬意を表し、4つのマスそれぞれに彼の言葉を使うことにした。(注6)

「厳格」、「正義」、「放置」、「忠誠」のうち、あなた自身にとってもっとも自然で、周りの人からの印象にもいちばん近いものはどれだろう？

著者たちの経験から言えば、たいていのリーダーは「忠誠」か「厳格」のマスに入るようだ。

外に向かっては、「献身」、あるいは「厳しさ」を見せているリーダーだ（注7）。（このパターンを説明する心理的な要因については、それだけで1冊の本が書けるだろう。社会規範、人間開発、性格の生物学など、興味深い分野の研究が必要だ）。

私たち人間は、生まれてからのさまざまな条件付けにより、「基準」と「献身」は両立できないと思い込んでいる。この2つはトレードオフの関係にあり、どちらかを手に入れるなら、もう一方を手放さなければならない。この両方を自然に併せ持ち、高い基準を求めながら他者への献身も忘れないリーダーは本当にまれな存在だ。そうでない私たちは、意識してこの境地を目指さなければならない。

エクササイズ

まず紙に図3－2を描き、自然な状態の自分が当てはまるマスに星印をつけ、この自然な状態の自分を経験している人たちの名前や属性も書き込む（例：「姉のアニータ」、「新入社員」など）。残りの3つのマスについても、その状態のあなたを経験している人たちを書き込ん

図3-2　基準と献身マトリックス

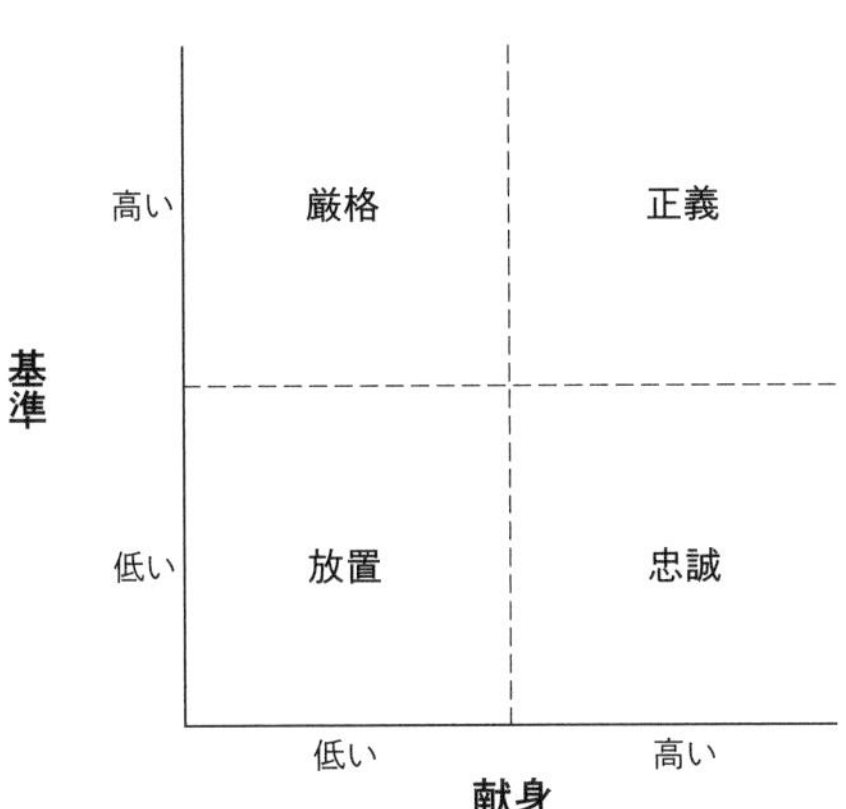

でいく。

あなたはどんな状況になると、自分の自然な状態から離れるだろう？　自然な状態が「忠誠」だとしたら、どんなときに「厳格」な一面が顔を出すのか？　あるいは、「厳格」が普通の状態だとしたら、どんな状況でその厳格さが和らぐのか？

それぞれのマスについて、どんな状況なら自分がその状態になるかを考え、見つかったパターンを書き込んでいく（コラム「自分のリーダーシップスタイルを発見する」を参照）。

COLUMN

自分のリーダーシップスタイルを発見する

「基準と献身マトリックス」でそれぞれのマスに誰を書き込むか迷ったら、このコラムをヒントに考えてみよう。

まずはっきりさせておきたいのは、どの資質にも善悪はないということだ。たとえば、チームがつらい仕事を乗り切るには、リーダーであるあなたが無条件の忠誠を示さなければならないという場合もあるだろう。あるいは、会社の規則や価値観に反することを意図的に行った人に対しては、厳格な態度で接することがまさに正しい選択になる。時間やリソースが限られた状況なら、「放置」でさえ正しい戦略になることもあるだろう（この点については第5章で詳しく見ていこう）。

ここでの目的は、あなたのパターンを発見し、そのパターンが他者の才能を解き放つ能力に影響を与えているかどうか考えることだ。

・忠誠

このマスに入るのは、あなたの人生で重要な位置を占めているが、その立場を維持するために大きな代償を払う必要のない人たちだ。彼らはあなたから欲しいもの（ステータス、自由、デザートのおかわり、など）を手に入れ、特に見返りは求められない。それはあなたの上司かもしれないし、長く一緒に働いている同僚かもしれない。数字は達成するが、それ以外ではトラブルメーカーの部下かもしれない。あなたがいつも守っている人、たとえば「他の人から煙たがられている」といった厳しい現実に本人が気づかないように配慮している人がいるなら、このマスに入るのは彼らだ。

・厳格

あなたがいつも厳しく接しているのは誰だろう？　イライラしているあなた、「スリーストライクになったらお前はアウトだ」と告げるあなた、弱さや完璧でないことを容赦しないあなたをつねに経験しているのはどんな人たちだろう？

もしかしたらあなたは、責任感を植えつけてやらなければならない、周りから甘やかされている人間は厳しくしつける必要があるといった使命感を持っているのかもしれない。理由が何であれ、自分の態度を正当化することが多いのであれば、あなたが入るのは「厳格」のマスだ。そこに時間を使っているなら、誰かを甘やかす時間は残っていないだろう。

・放置

すぐに名前を思い出せない人、自分の時間や関心に値しないと打ち捨てている人は誰だろう？　内心では彼らを軽んじていても本人には気づかれていないと思っているかもしれないが、彼らは気づいている。一般的に、「放置」のマスに入る人が多いのは、リーダー個人にとっても組織にとっても危険信号だ。

著者たちも、クライアントがそうであったら、できるだけ早くこのマスを空にするように指導している。誠意を持ってこれを行う方法についてはまた後で見ていこう。

・正義

あなたの前ではいつでも最高の自分を見せてくれる人は誰だろう？　いい仕事をしたい、成長したいという熱意を持っている人だ。そして、彼らと一緒にいるとき、あなた自身はどんな人間になるだろう？　これが「正義」を判定するもっとも大きな基準だ。

正義のマスに入る人と一緒にいるとき、あなたは自分がスーパーヒーローになったように感じる。そしてある意味で、実際にスーパーヒーローだ。彼らはあなたのそばにいるとき、「より高く、より遠く、より速く」の境地を目指すようになる。なぜなら、リーダーであるあなたに能力を信頼されているからだ。あなたがこの感覚を味わえるのはどんなときだろう？　もしそんなことはめったにないというのなら、過去にはそう感じたことがあっただろうか？

どんな人でも4つの資質のすべてを持っているものだ。あまり表に出ない自分の資質に気づいてもらうために、著者たちはいつも2つのポイントを指摘することにしている。

1つは、「あなたの中にもそれはある」ということ。私たちは誰でも、周りの人たちに対して幅広い感情を抱く能力がある。この事実が特に重要になるのが、あるマスから別のマスへと移動するときだ。このマトリックスで、あなたが行けないマスは1つもない。むしろ、あなたはすでに4つのマスすべてを経験しているだろう。

そしてもう1つのポイントは、エンパワメント・リーダーシップという観点から考えると、4つのマスは平等ではないということだ。**他者の才能を解き放ちたいのであれば、正義のマスを最優先にするのがもっとも効果的**だ。

著者たちは、これまで何千人ものリーダーを対象にこのエクササイズを行ってきた。典型的なリーダーであれば、だいたい次ページの図3－3のような結果になる。

ここでは、テック企業で頭にCのつく役職にある人物（名前は仮に「ジョン」としよう）を例に考えていこう。

自己分析をしたところ、ジョンの自然な状態は「厳格」だという結果になった。つねに高い基準の仕事を要求するが、献身的な態度を表に出すことはない。そのため社内では「冷た

図3-3　他の人はあなたをどのように経験しているか？

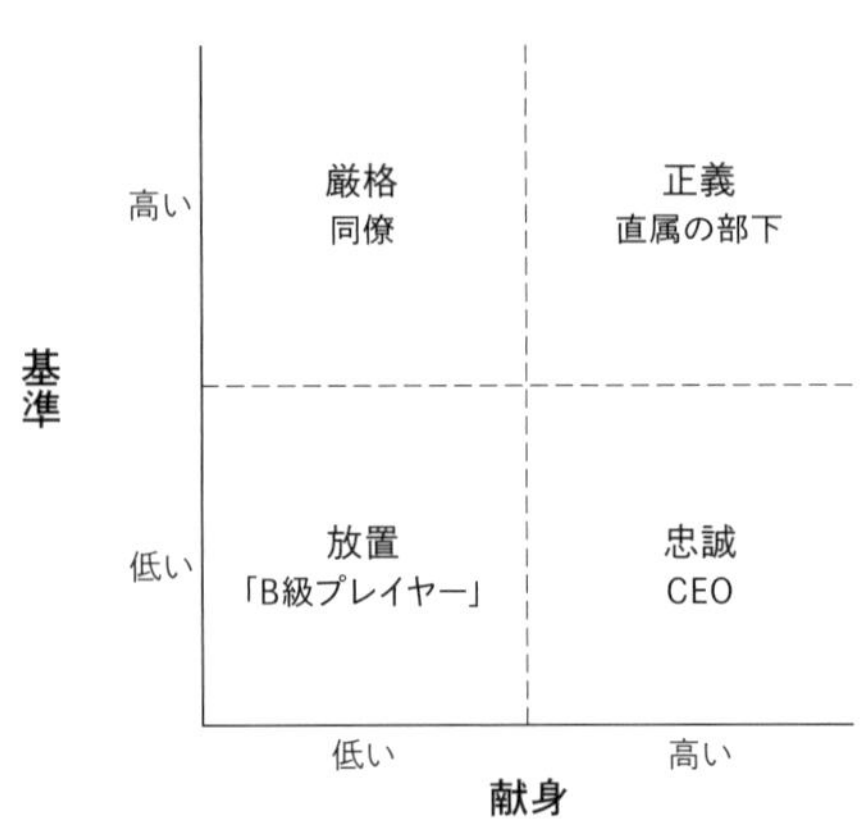

い人」で通っている。

しかし、直属の部下に対しては違うようだ。明確な期待と深いコミットメントを組み合わせ、優れたパフォーマンスを発揮する高度にエンパワーされたチームをつくることに成功している。

このエクササイズでジョンが気づいたのは、指揮系統が一因になっているということだ。自分のチームを育てることは決められた職務の1つであり、メンバー同士の協力が必要な仕事をしていることもあって、ジョン自身も献身的な態度を見せる機会が多くなる。しかし、明確な指揮系統が、彼とその他の人たちとの間に立ちふさがる壁になっていた。

自分のチーム以外の育成は職務に含まれていないので、チームの外に出たジョンは

「厳格」のマスに入る。それに加えて、直属の上司であるCEOに対しては忠実だが、ときどき「イエスマン」になってしまうという問題もあった。上司への忠誠心が邪魔になり、本当の考えが言えないために、上司にとって頼りになる思考パートナーになることができていない。

そして最後に、「B級プレイヤー」に分類した人たちを不当に扱っていたことにも気がついた。たしかに「放置」されてもしかたがない人も中にはいたが、ジョンの評価が厳しすぎるのも事実だ。周りの人はジョンから評価されていないことを感じ取り、たとえ貴重なアイデアがあってもジョンには伝えようとしなくなる。

ジョンのようなリーダーが「正義」を身につけるには、リーダーシップに対する思い込みを変える必要がある。献身の割合を多くすると、基準を下げなければならないと考えている人もいるかもしれないが、それは大きな間違いだ。そのことを証明するために、カルロス・ロドリゲス＝パストールの物語を紹介しよう。

常軌を逸したＣＲＰの「献身」――ペルーをエンパワーする

カルロス・ロドリゲス＝パストールはペルー出身の実業家だ。一代で成功したビリオネアであり、祖国ペルーにおける中産階級の成長に大きく貢献したことで知られている。彼が設立したインターコープは、銀行からスーパーマーケット、学校まで多岐にわたる事業を展開し、ペルー人の生活のあらゆる面に影響を与えている。

人々から親しみを込めて「ＣＲＰ」と呼ばれる彼は、まさに高い基準と深い献身を体現する存在だ。ＣＲＰの求める基準は空のように高く、それと同時に、自分の影響が及ぶ範囲にいるすべての人に対して深い献身を維持している。

すべての始まりは、厳密な選抜プロセスだ。ＣＲＰとの面接は極端に長く続くことで知られている。それはまるで終わりのないミーティングで、たいていはオフィスの外で行われる。そのほうが本当の自分が出るとＣＲＰが信じているからだ。コネを利用して雇われようとしているのがバレると、その求職者はすぐに「冷凍庫行き」だ。能力主義（メリトクラシー）という概念はさまざまな業界で間違った使われ方をしているが、ＣＲＰの会社はもっとも健全な能力中心の文化を築いていると言えるだろう。

ＣＲＰにも何らかの偏見があるとしたら、それはより少ないリソースでより多くを達成することを目指すという起業家特有の性質が原因だろう。彼が好んで採用するのは、最後までやり抜く粘り強さと、飽くなき向上心を備えた人材だ。

たとえば有名な話だが、ある年の成績トップの社員へのボーナスは、エベレスト山の近くの山を彼と一緒に登ることだった。リマからネパールへ行くには、何度も飛行機を乗り換えなければならない。招待された社員のうち、上級幹部はビジネスクラスのチケットを取った。できるだけ快適な旅にするためだ。

ところがCRPは、出発の直前になって、エコノミークラスで飛ぶことになっていた社員全員をCEOのプライベートジェットに同乗させることにしたのだ。この話はあっという間に全社に広がった。誰もがCRPのメッセージを理解した。それは、地位や役職は関係ないということだ。

もっともCRPらしさが表れているのは、周りの人たちの能力に対する揺るぎない信頼だろう。周りの人たちとは、同僚や部下だけでなく、すべてのペルー国民も含まれる。彼は、人間だけが真に競争力のある資産だという信念を持ち、人間への投資に関しては誰よりも大胆だ。社員が一流の学校に通う資金を提供し、その見返りは一切求めない。そもそも集中的に教育を受けることは、社員の職務に組み込まれている。

彼の会社では、たとえ上級幹部であっても厳しい研修を受けなければならない。そしてこの研修は、他の業務と同じくらい真剣に取り組むことが求められる。CRP自身もよく研修に参加し、社員たちの勉強ぶりを細かくノートに記録している。そして研修の終わりには、講師たちと一緒にそのノートを見ながら反省会を行う。著者たち自身も、そのような研修で何度も講師を務めているが、研修に実際に参加したCEOはCRPだけだ。

特筆すべきは、CRPがつねに誰かと一緒にいることだ。少なくとも仕事中は、1人でいることは絶対にない。たいていは若手リーダーが交代で彼の隣にいる。CRPの近くで仕事を学ぶためだ。

また彼の会社では、人材開発の目的でよく部署をまたいだ社員の異動が行われる。そして年に1回、マネジャーを対象に外国への研修旅行も実施される。旅行の目的は、ただ学ぶことだ。マネジャーたちはこの旅行で、世界の変化の速さを肌で感じ、自分たちはつねに誰かの後塵(こうじん)を拝しているという事実を自覚することになる。CRPはこの研修旅行を、「自己満足に対抗するための年に1度のワクチン」と呼んでいる。

簡単に言うと、CRPは何かを学べるチャンスを絶対に逃さないということだ。彼は従業員に、自分の期待を伝えるためならかなりのことをする。著者たちがもっとも気に入っている例を紹介しよう。

ある日、CRPは、普通のズボンの下にピエロのようなぶかぶかのズボンをはいて職場にやって来た。そして何食わぬ顔で、「偶然」ピエロのズボンが見えるようにする。彼は真面目な顔でミーティングに出席し、チームと仕事をしているが、白と赤の水玉模様がベルトの上に見えている。それをあえて指摘する人は誰もいなかった。

その日の終わり、CRPはその日に会った人全員を集めると、「きみたちと一緒にやっていくことに大いに疑問を持った」と伝えた。それで解雇された人はいなかったが、誰もがCRPのメッセージをはっきりと受け取った。相手がどんなに地位の高い人間であろうとも、真実は伝えなければならないということだ。

ＣＲＰは誰かの才能を確信すると、その人にすべてを賭ける。特に自分と同じ価値観を持ち、公正な変化の実現に情熱を傾けている人への思い入れが強い。ＣＲＰが目指すのは、祖国ペルーの経済を改革することであり、それ以下の目標では決して満足しない。そして各種の開発指標を見たところ、彼は正しい方向に進んでいるようだ。（注8）

この大胆な目標に見合うプロジェクトの1つがイノーバ・スクールズだ。イノーバは、ＣＲＰが出資して設立した革新的な私立学校のネットワークで、Ｋ－12と呼ばれる幼稚園から高等学校までの一貫教育を提供している。イノーバは、先進国の公立学校よりはるかに少ない予算で大きな成果を上げてきた。ペルーにおける教育の不平等解消に大きく貢献している。最新の数字によると、イノーバは55の学校を開設し（ペルーに54校、メキシコに1校）、4万3000人以上の子どもに教育を提供している。南米最大の私立学校ネットワークになる日も近いだろう。

イノーバ・スクールズの学校を卒業した若者が、いずれＣＲＰが思い描く未来を実現する力になるだろう。

最近イノーバを卒業したある女性は、タクシー運転手の父親と、スーパーでパンを売る母親の間に生まれた。彼女は地元の新聞で、「ペルー・チャンプス」の広告を見た。これは貧しい家庭の子どもにイノーバの学校で学ぶ機会を提供する奨学金だ。全国から数多くの優秀な生徒が応募するので、晴れて奨学生になるには抜群の成績を収める必要がある。彼女は見事に合格し、リマ近郊のサンタクララにある学校に入学した。ここはアンデスから移ってきた家族が多く暮らす貧しい地域だ。

入学したばかりの彼女は、新しい環境に圧倒されてしまった。自分が場違いに感じられた。授業料が月に100ドルもするうえに、周りは新興の中産階級出身の子どもばかりだ。しかし、彼女もしだいに新しい環境に慣れていき、最終的には学年トップの成績で卒業した。卒業後、彼女は世界トップクラスの大学を目指すことにした。将来の目標は一流の神経科学者になることだ。

2019年4月、彼女はイノーバ卒業生で初めて、ダートマス大学、ニューヨーク大学、スワースモア大学、ジョージタウン大学、タフツ大学、エモリー大学、オックスフォード大学、スタンフォード大学から入学を許可された。学費はすべて、無条件でイノーバが提供する。

CRPの究極の夢は、ペルーをエンパワーすることだ。自分の周りの人たち、たとえば新時代を切り拓くイノーバ卒業生のような人たちが、それぞれの分野で力強いリーダーになれば、やがて彼らが社会に自分たちの才能を還元し、それが好循環となって国全体の才能が解き放たれる——そうCRPは信じている。

その夢は、すでに一部で形になり始め、ペルーでもっとも重要なサービスセクターがダイナミックな成長を続けている。現在、ＣＲＰが才能を開発したリーダーの多くが自分のビジネスを起業し、それがペルー経済の大きな力になってきた。彼が掲げる高い基準と深い献身という伝統は、国の若い力の間に脈々と受け継がれている。

正義のリーダーシップを実践するには

この本のミッションを念頭に置けば、著者たちにとってもっとも気がかりなパターンも見えてくるだろう。それは、カルロス・ロドリゲス＝パストールのような人物は稀少な存在だということだ。今の時点で、高い基準と深い献身を彼ほど当たり前に実践しているリーダーはめったにいない。

たいていのリーダーは、正義に費やす時間が少なすぎる。エンパワメントが行われる環境を創造し、他者が大きく成功するのを助けることも実際にはあるが、その一方で、他者の能力を抑圧するような選択をしてしまうこともある。自分の思考や感情がリーダーシップの妨げになる。他者中心ではなく、自分中心のリーダーシップになってしまう。

別の言葉で表現するなら、私たちは自分の感情にとって都合のいいときだけ正義の目標を達成できるということだ。

最適の条件がそろっているなら、正義を実践することができる。十分な睡眠をとれたとき、プレッシャーにさらされていないとき、あるいは、自分のいつもの行動パターンからあまり逸脱しないのであれば、正義のリーダーになるのはそれほど難しくない。しかし、そういった好条件がそろうときと、リーダーシップを発揮する最大のチャンスがうまく重なることはめったにない。

これは確信を持って断言できるが、他者をエンパワーする能力にとっていちばん大切なのは、必要なときはいつでも「正義」のマスに入れることだ。そこまでの自己コントロールはどうやって身につければいいのだろうか？　厳格、忠誠、あるいは放置の状態であっても、そこから完全に自分の意志で正義の状態に移行するにはどうするのか。

これを達成することが究極のリーダーシップであり、この章の残りのすべてを使ってこの点について考えていこう。どうやら古今東西のリーダーや学者たち（ヴァルマックスもその1人だ）は、数千年前からこの問題と格闘してきたようだ。

自分を忘れる

リーダーシップを実践する人たちの間でだいたい意見が一致しているのは、どんな成長であっても、自分に対する思い込みを捨てるのが成長の最初の一歩になるということだ。自分はこういう人間だという思い込みを捨てるのはもちろんだが、自分はこういう人間ではないという思い込みを捨てることのほうが重要かもしれない。自分で自分を縛っているルールや、自分で勝手に決めた限界に意義を唱えるということだ。

章の始めのエクササイズをしたときに気づいたかもしれないが、アイデンティティは自分で思っているよりも柔軟なことが多い。リーダーシップに関しては、どんな人でも自分の好みやパターンがあるが、どれか1つの資質だけに凝り固まる、たとえばいついかなるときでも厳格であるとか、無批判に献身するといったことはめったにない。

実際は、たいていの人が「基準と献身マトリックス」のすべての資質を備えている。たとえば、ミーティングの場では人の意見をまったく聞かない頑固者かもしれないが、現場に出ると抜群の統率力を発揮する、というように。

過去にどのようなリーダーだったにせよ、それがあなたの未来の姿を決めるわけではない。ウァルマックスは、状況やアイデンティティは動的であり、自分が尊敬するリーダーの人生をよく観察するべきだと書いている。リーダーの多くは、箸にも棒にもかからないということはないにせよ、最初はごく平凡な存在だった。しかし彼らは粘り強く前進し、困難をチャンスに変え、逆境のさなかから栄光をつかむことに成功している。（注9）

ウァルマックスの本に登場するリーダーたちの中で特に印象に残るのは、古代ローマの政治家で軍人のスッラだ。スッラの物語には、「最高の自分」という驚くほど現代的な考え方が登場する。スッラも若いころは、「最悪の自分」を生きていた。ウァルマックスの本には、若きスッラの自堕落（じだらく）で自滅的な生活が詳細に描かれている。

しかし戦場でのスッラはその正反対だった。自分の存在を超えた何か大きなものを守るために、数え切れないほどの勝利をローマにもたらした。ウァルマックスの考えでは、スッラの中にはつねに偉大なリーダーが存在した。ただ「それが閉じ込められていた（中略）囲い」を破壊するチャンスを待っていただけだ。（注10）

私たちの誰もが、このような人格的な強さを内に秘めている。その強さがあれば、過去に選んだリーダーシップのスタイルが何であれ、そこから自由になることができる。その力を使いたいなら、ただ自分で「使う」と決めればいいだけだ。そして、その新しい自由でどこを目指すかも自分で決めることができる。

献身から愛へ、子どもをほめるように

キャロル・ドゥエック教授は、「成長マインドセット」という考え方を広める活動を通して、難しい会話をすることに慣れていった。彼女は世界中の親や教師と正面から向き合い、厳しい現実をはっきりと（しかし愛を込めて）突きつけた。

親や教師は、子どものためによかれと思いながら、実際は子どもの可能性を抑えつけているのだ。子どもにとって害になる行動はたくさんあるが、ドゥエックが特に問題視しているのは、間違ったやり方で子どもをほめることだ。

親としての著者たちは、最初は「忠誠」のマスにどっぷり浸かった状態だった。しかし、そこから出発して合格点をもらえる親を目指す過程で、ドゥエックの研究に触れることになる。ドゥエックによると、子どもをほめるときは、その努力をほめるべきだという（「がんばったね！」）。努力は子ども自身がコントロールできることだからだ。逆に持って生まれた資質をほめると（「頭がいいね！」）、子どもは失敗を怖がり、成長のために必要なリスクを避けるようになる。このドゥエックのアプローチで肝心な点は、子どもへの献身を犠牲にすることなく、子どもに期待する基準を上げられるということだ。（注11）

著者たちにとって、ドゥエックは正義を体現する存在だ。彼女は忠誠の代償を広く伝えることを使命にしている。そう、つまり**忠誠にはコストがある**ということだ。

リーダーとして基準を低くすることには、相手を思いやっているように勘違いさせる効果がある。相手のために厳しい要求をしないのだと思っているかもしれないが、本当はすべて自分のためだ。自分が感情的に安全な空間にとどまるために、他者が卓越した能力を発揮する機会を犠牲にしている。

ドゥエックが親や教師に突きつける問いは、次のように要約されるだろう。あなたは、自力で道を進む力を子どもに与えているのか？　それとも、あなたが子どものために道を整えているのか？

この質問をリーダーシップの分野に応用すると、次のようになる。あなたは他者に進化することを促しているのか？　それとも、忠誠心か自己満足か、あるいは争いを避ける気持ちから、あえて彼らへの要求を低くしているのか？　あなたは他者をエンパワーしているのか？　それとも彼らにただ快適な環境を提供しているだけなのか？

あなたの周りにいる人は、あなたの存在からどんなことを感じているだろう。サポートはされているけれど、やる気を鼓舞されることはないと感じているだろうか？　居心地はいいが受け身的だと感じているだろうか？　もしそうなら、正義のリーダーを目指す過程であなたに必要なのは、高い基準を設けることだ。ドゥエックの言葉を借りれば、自力で道を進む力を他者に与えるのがあなたの仕事だ。新しい自分に生まれ変わったスッラをお手本に、あなたも自分の殻を破らなければならない。

「正しい行い」をほめる

他者に期待する基準を上げる方法はたくさんある。そのうちのいくつかは、忠誠のマスにいる期間が長かった人にとっては少し難しいかもしれない。ここでのコツは、間違った思い込みを捨てることだ。あなたの美点である献身を捨てなくても、ゴールポストを動かすことはできる。

著者たちの知るかぎり、人間の成長をもっとも効果的に促したいのであれば、むしろ献身したいという自然な欲求を活用するのがいちばんだ。実践は簡単で、**誰かがまさにあなたが望むような行動をしていたら、ただそれを具体的に指摘し、心の底からほめればいい。**

どの行動がすばらしかったのかをきちんと伝えれば、相手もその行動をくり返すことができる。ここではドゥエックの教えを守り、相手が自分でコントロールできる行動をほめること。それに一度で終わりにするのではなく、くり返すことも忘れないように。

具体性も大切だ。誠実だが、具体性に欠けるほめ言葉は、与えるのは簡単だが、それが相手の成長を助けることはめったにない。たとえほめられても、どの行動をくり返せばいいのかよくわからないからだ。たとえば、ミーティングの後で「今日はよかったよ」とほめても、一般的に相手のためになることはない。言われたほうは、具体的にどこがよかったのか自分で考えなければならないからだ。

それに対して、たとえば「2つの競合するアイデアを比較し、共通点を具体的に指摘したところがとてもよかった。議論が前進する突破口になったよ」とほめるのであれば、十分に具体的であり、言われたほうも自分が増やすべき行動がよくわかる。このやり方を一言で表現するなら、みなさんご存じの「正の強化」だ。

正の強化に慣れていない人は、最初はぎこちなくなってしまうかもしれない。広く使われているフィードバックの方法とはかなり違うからだ（第1章のＯＰＡ［他者のすばらしさ］エクササイズを実施した人なら、すでに多くの人よりも先を行っている）。とはいえ、２週間も練習すれば、たいていの人は自然にできるようになる。

それに加えて、ほめるほうも、とてもいい気分になるという報告が多い。周りの人たちの行動をよく観察するようになり、お互いの間に前向きなエネルギーが生まれるからだ。あなたはフィードバックのサンタクロースになり、行く先々で成長というプレゼントを届けている。

「建設的なアドバイス」を行うコツ

しかし残念ながら、現代の組織にいるのはスクルージ（ディケンズの『クリスマス・キャロル』の登場人物。エゴイストで守銭奴）ばかりだ。曖昧でネガティブなフィードバックなら与えるが、ポジティブなフィードバックはとことん出し惜しみしている。

著者たちが知る中で特にひどいマネジャーは、ただ「それはダメ」とだけ書いたメールを部下に送るという習慣があった。大げさに言っているのではない。本当にそれだけしか書かれていないのだ。当然ながら、チーム内にはつねに不安や緊張が存在し、成長の望みはほとんどなかった。

もちろん、相手の悪いところを指摘するのも必要だが、できるだけ控えめにしたほうがいい。**ネガティブなフィードバックに、成長を促す力はほとんどない**からだ。（注12）

どうしてもしなければならないときは、きちんと証拠を提示すること。自分が望む未来と、それを望む正当な理由を明確に伝える。加えて態度をどう変えるかの枠組みも提示すれば、共有するミッションに向かって大きく前進する小さなきっかけになるだろう。

このようなフィードバックを別の言葉で表現すると、「建設的なアドバイス」だ。

フィードバックの出し惜しみをするスクルージたちは、今から特に大切なことを言うのでよく聞いてもらいたい。建設的なアドバイスが効果を発揮するには、根底に確固とした信頼関係が欠かせない。そしてもちろん、信頼関係には共感が必要だ。

相手があなたに対して、「この人なら自分をよく理解している、自分のいいところも悪いところも知っている」と確信していなければならない（自分の悪いところしか見ないような人に対しては、何を言われても批判としか受け取れず、成長のためのアドバイスだとは考えないだろう）。

共感が存在しない関係では、建設的なアドバイスが容易に破壊的になり、受け手は成長するどころか、むしろ後退してしまう。たとえば、失敗してはいけないと緊張して自意識過剰になってしまったり、自分の決断に自信が持てなくなったりするだろう。ここで注意してもらいたいのは、これはたまたまではなく、つねにそうなるということだ。

どういうわけか、ネガティブなフィードバックこそ本物のフィードバックだという思い込みが多くの会社に蔓延している。この難しい会話こそ、誰もが学んで身につけなければならないスキルだというわけだ。一方で正の強化には疑いの目が向けられている。最終的には厳しい現実を伝えることになるのだが、その過程でしかたないから採用するという扱いだ。

著者たちの経験から言えば、真実はその正反対にある。本当に有効なのは正の強化のほうだ。正の強化こそが、人間の学習曲線を上昇させるもっとも大きな力を持つ。

もっとデータが欲しいというなら、犬の訓練を見てみるといいだろう。ボストンにポウジティブ・ドッグ・トレーニングセンターという有名な犬の訓練所がある。創業者のジェニファー・ヴィケリーの尽力で大きな成功を収めてきた。センターで訓練を受ける犬たちは、鎖につながれていない状態で、周りにつねに何らかの刺激があっても、まったく騒ぐことなくおとなしくしている。人間にはとてもできないことだ。

ヴィケリーと彼女のチームの訓練法を詳しく見てみよう。犬たちは、いいことをするとごほうびをもらい、悪いことをすると罰を与えられているのだろうか？　ごほうびと罰の割合はどれくらいか？　実際のところは、トレーナーが促進したい行動をした犬たちに、エサと愛情をたっぷり与えるという訓練法が採用されている。その結果、犬たちはみんな元気でお行儀がいい。この訓練法は、金魚からもっと複雑な生命体まで、おそらくすべての生き物に有効なのではないだろうか。

正の強化も、建設的なアドバイスも、それぞれの役割がある。しかし、たいていの人が驚くのは、正の強化と建設的なアドバイスの比率は最低でも5対1だということだろう。**建設的なアドバイス1つにつき、正の強化を最低でも5つは与えなければならない。**ところが、著者たちが調査した職場で考えると、その比率はむしろ1対5になってしまっている。しかも罰や叱責がより重視され、建設的なアドバイスはその中の一部でしかない。

誰でもポジティブとネガティブの比率を5対1にすることができる。生粋のネガティブ人間でもそれは可能だ。

たとえば、建設的なアドバイスを週に1回か2回与えているというのなら、正の強化を毎日与えるように努力してみよう。漠然としたほめ言葉ではなく、いいところを具体的に指摘して心からほめること。建設的なアドバイスは月に1回という人は、週に1回よりもわずかに多い正の強化を目指す。これが習慣になれば、あなたの態度はがらりと変わるはずだ。

自分のフィードバックが正しいかどうかは、どうすればわかるのだろうか？　ここでパフォーマンスを評価する基準は、周りの人たちの成長だ。特に成長が見られないなら、あなたが、フィードバックのやり方を変えなければならない。たとえば、フィードバックの内容をもっと具体的にする。あるいは信頼関係を強化し、自分の言葉が本当に相手に届くようにするという方法もある。

リーダーは結果を出すことが求められる。ただ努力しただけでは評価されない。そしてリーダーであるあなたの仕事は、他者を成長させることだ。あなたのフィードバックに効果がない、あるいはむしろマイナスの効果しかないのであれば、あなたは自分の仕事をしていないということになる（コラム「今すぐ「高い基準」を設ける10の方法」を参照）。

ジョブズがチームから愛された理由

厳格なリーダーでいるのがいちばん心地いいと感じる人もいる。もしあなたがそうなら、そうなるにはそれなりの理由があると仮定しよう。

基準は高く、献身は最小限というタイプのリーダーは、短期的にはチームの生産性を上げるかもしれない（たとえば、足を引っぱっているメンバーを槍玉にあげる）。しかし、そんなリーダーに長居されると、たいていのチームはマイナスの影響を受ける。

厳格なリーダーでいることはあなたの選択であり、たいていは支配と安心を求める気持ちからその態度を選んでいる。厳格であれば、支配と安心は手に入る（少なくとも表面的には）。しかし利点はそれくらいしかないだろう。周りの人はあなたの命令に従うが、命令以上のことをしようとはしない。彼らの目的は叱責や罰を避けることであり、そのために必要最低限の仕事をするだけだ。

厳格なリーダーの下で何か新しいことをしたり、与えられた職務を超えたことをしたりするのはリスクが大きすぎる。たとえ期待を上回る結果を出しても、期待と違うことをすれば罰を受けるからだ。

ここまで読んで、「それではスティーブ・ジョブズはどうなんだ?」と思った人もいるかもしれない。ジョブズはときにかなり厳格なリーダーになり、傲慢、高圧的、短気といった態度でも知られている。そんな彼が、20世紀でもっとも持続的な革新性を実現した企業を生み出したのだ。

しかし著者たちは、ジョブズは厳格だから成功したとは考えていない。ジョブズがもっとも力を発揮するのは、高い基準と、チームの能力への絶対的な献身を組み合わせたときだ。チームはジョブズにエンパワーされ、その結果として数々の超人的なタスクを達成してきた。

ジョブズはチームを信頼し、そしてチームは完全な忠誠でその信頼に応える。テック業界の人材獲得競争がもっとも激しくなっても、アップル社員はジョブズに忠実だった。初代マッキントッシュの開発チームで幹部を務めたデビ・コールマンの言葉は、ジョブズの部下たちの多くが感じていたことを代弁しているだろう——「彼と一緒に仕事ができた自分は、世界一好運な人間だと思っています」。(注13)

COLUMN

今すぐ「高い基準」を設ける10の方法

周りの人のために今すぐに基準を高くするには、他にどんな方法があるだろう？　ここでは、著者たちがよく使っている方法をいくつか紹介しよう。すべて今から24時間以内に実行できる。

1、グループプロジェクトにする

「忠誠」が弱いリーダーなら、個人ではなくチーム全体の基準を上げるという方法がある。メンバーを集め、チームの目標と、それを目指す理由を説明する。共通の目標を達成するためにチームが協力できることや、チーム全体として結果にどう責任を取るかということを考える。

2、勝利を祝う

正の強化を実地で行う。あなたの期待通りの仕事をした人をチームの前で称賛する。大切なのは、具体的に、心からほめることだ。それを聞いた他のチームのメンバーも、あなたから「ごほうび」をもらうにはどうすればいいかがよくわかる。

3、「より成長した未来のあなた」として接する

人は誰でも成長すると信じているだけでは十分ではない。誰かに成長してもらいたいなら、その人がすでに成長したと仮定し、その前提でその人と接してみよう。たとえば、その人にはまだムリだと思っていた仕事をあえて与える、あるいは成長したその人でなければ実行できないアドバイスを与える、といった方法がある。「未来は今だ」というメッセージを伝えられるなら何でもいい。

4、優秀なメンバーの力を借りる

チームの優秀なメンバーの力を借り、他のメンバーのコーチやお手本になってもらう。この種のメンタリングには、グループミーティングから集中的な一対一の指導までいろいろな方法がある。コーチになるメンバーが自分にいちばん向いている方法を選ぶといいだろう。

5、アフター・アクション・レビュー（AAR）を招集する

AARとは、アメリカ陸軍が正式に採用している学習プロセスだ。訓練中に実際に起こったことを分析し、そこから学ぶことを目指している。あなたのチームでもAARを行い、それぞれの行動を検証してみよう。たとえうまくいったときでも、行動をふり返

って、もっとうまくできたことはないかと考えることには価値がある。AARを実施するだけで、「現状維持で満足するな」というメッセージを伝えることができる。

6、よりよい目標を掲げる

目標設定についてはすばらしい研究が行われ、教えが体系化されている。あなたもこれらの研究成果を活用し、自分のチームにも取り入れてみよう。著者たちが気に入っているツールの1つは、インテルやグーグルなどで採用されている「OKR」だ。OKRはObjective and Key Resultsの頭文字で、「目標とカギになる結果」という意味になる。

もっと手っ取り早い方法がお好みなら、「SMART」というツールもある。具体的(Specific)、計測可能(Measurable)、達成可能(Achievable)、関連性が高い(Relevant)、期限が決まった(Time bound)という特徴を持つ目標を設定するという考え方だ。

7、自分の野心を公(おおやけ)にする

周りにいるすべての人に自分が目指していることを伝える。相手との関係に応じて、できるだけ具体的に伝えたほうがいい。あなたの大胆さと目的意識を周りに伝染させよう。正直に野心を語るために監視してくれる仲間がいたほうがいいのなら、頼める同僚を見つけて(1人でも2人でも3人でもいい)その役をやってもらう。

8、非効率を排除する

時間は貴重な資源であり、決して無駄にしてはいけないということをはっきり伝える。誰もがイヤがる無駄な仕事を見つけ、それを排除する。たいていの組織では、報告の簡略化とパフォーマンスレビュー（人事評価）の最適化だけで大きな効果が期待できるが、その過程で謙虚な姿勢と好奇心を保つことが大切だ。自分がすべてを知っているわけではないということを忘れず、何がチームの時間を奪っているかにつねに目を光らせ、最新のツールを積極的に活用する。

9、大胆な行動を取る

個人の目標、あるいはチームの目標に向けて、意味のある行動を今すぐに起こす。行動は大胆であるほどいい。以前にやったことがない行動、ごく親しい同僚も驚くような行動が理想的だ。思い込みや規範が変わったということを明確に伝えるために、まず自分が動く。

10、自分が基準になる

周りの人に期待する基準をまず自分が体現する。凡庸（ぼんよう）さを許さず、決して甘やかさないこと。自分が基準に到達していないことを自覚したら、いったんリーダーの立場から退く。回復のための時間を取り、リーダーの役割を十分に果たせるようになったら復帰する。

著者たちがもっとも気に入っているジョブズの逸話を紹介しよう。ウォルター・アイザックソンによるジョブズの伝記で紹介されていた話だ。

初代iPhoneの開発中、ジョブズはぴったりのガラスを探していた。ジョブズの考えでは、コーニングという会社ならまさに理想通りのガラスを製造することができる。ジョブズは飛行機に乗り、コーニングCEOのウェンデル・ウィークスに会いに行った。

しかしウィークスは、それはできないと言う。少なくとも、ジョブズが提示する期限内には不可能だ。なぜならコーニングは、1960年代からガラスを製造していないからだ。

するとジョブズは、会ったばかりのビジネス界の大物に向かって「心配はいらない」と答えた。**「あなたならできる。ただやると決めればいいだけだ」**。ウィークスはその言葉に鼓舞され、ケンタッキーの工場を改装すると、半年以内にアップルが希望するガラスを届けることに成功した。iPhoneとiPadに使用されるガラスは、現在でもコーニングが製造している。(注14)

このウィークスとの会話で、ジョブズはすべてのリーダーに求められる根源的な選択をした。それは「自分」か、それとも「あなた」かという選択であり、著者たちの世界観では、「恐怖」か、それとも「愛」かという選択だ。ジョブズは、できないというウィークスを否定するのではなく、むしろヒーローのように扱った。ジョブズは、不可能を可能にするヒーローだ。

著者たちの経験から言えば、これは思ったほど難しいことではない。多くのリーダーは、周りの人たちに対してすでにかなり献身的な状態にある。ただその献身を効果的に伝えていないだけだ。彼らのことは応援しているが、それを安全な自分の心の中に隠している。

しかし、リーダーがこうやって自分の人間らしさを表に出さないでいると、チームにとっていいことは何もない。「厳格」から「正義」への旅は、本当の自分を見せることでもある。そのための方法は数え切れないほどあるが、著者たちが気に入っている方法のいくつかを、コラム「目の前の人に「深い献身」を伝えられる10の方法」で紹介している。

「放置」から「愛」にいたる長い道

自分は「放置」のマスに当てはまるという人には、基本的に2つの選択肢がある。人間関係に投資するか、あるいは相手への敬意とともにその関係を断ち切るかだ。

一般的に、放置の状態で誰かとの関係を続けるのは、あなたにとっても、他のすべての人にとっても有害だ。「相手のための放置」という戦略もあるにはあるが、これは値上がりも大きければ値下がりも大きい高ベータ株のような存在だ。いい結果を生むかもしれないが、それと同じくらい悪い結果も生むだろう。

「放置」でよく見られるパターンの1つは、チームを離れるべきだがまだ残っている人を無視するというやり方だ。人間は感情の動物なので、別離の苦しさを和らげるために、相手を非人間化するという方法を選ぶことがある。

相手の目をあまり見なくなるといった、ちょっとした変化もその選択の1つだ。相手を尊重しながらチームを去ってもらう方法については、コラム「相手を尊重しながら解雇する方法」を参考にしてもらいたい。そしてもちろん、この行動には「正義」のマスに移動することが求められる。

COLUMN

目の前の人に「深い献身」を伝えられる10の方法

人生で出会う人たちに、相手への献身を伝えるためにできることを10個紹介しよう。すべて24時間以内に実施できる。

1、何度でも言うが、スマートフォンを下に置く

現代社会に生きる私たちは、つねにデバイスに注意力を奪われている。そんな状況で誰かに100パーセントの注意を向ければ、それだけで明確な献身のサインになる。デバイスの本来の役割は、遠くの人とつながることであり、すぐ隣にいる人を遠ざけることではない。

2、インタビューの達人になる

周りの人たちの人生に興味を持つ。なぜ同僚はああいう決断をしたのだろう？　彼らはその過程で、何に驚き、何に喜び、何に失望したのだろう？　会話のきっかけがつかめなかったら、ラジオ番組の名司会者、テリー・グロスの決まり文句、「あなたについて話してください」（注15）を借りればいい。

3、彼らの現実を体験する

メンバーたちが職場で何をしているのか気になるのは、厳格なリーダーにありがちな態度だ。さらに、「どうせたいしたことはしていない」という思い込みとセットになっている。勝手に判断するのをやめて、彼らの行動に興味を持って観察しよう。あるいは、相手の仕事にずっと同行する「ジョブシャドウイング」を行うという方法もある。彼らの時間の使い方に本当に問題があるのなら、正しい時間管理を指導すればいい。

4、自分に何ができるか尋ねる

誰かの役に立ちたいときは、自分に何ができるか相手に尋ねてみよう。自分の仕事と相手の仕事をごっちゃにしてはいけない。ここでのあなたの目的は、相手の成功を助けることだ。そして、相手の成功を確実に助けるような行動が見つかるまで、この会話を終わりにしてはいけない。

5、先回りして助ける

チームのメンバーの中から、どんな仕事を抱えているかよく知っている人を選び（あなた自身が与えた仕事であれば確実だ）、その人の負担を軽くしてあげる。相手が特に困っている仕事や、相手の長期の目標と関連のない仕事を取り除けば、「私はあなたを理解している」という明確なメッセージを送ることができる。

6、食べ物を与える

相手が食べたいと思っているものをごちそうするのが望ましいが、サプライズでドーナツの差し入れを届けるのも効果的だ。食べ物を与えるのは、相手の存在や人間らしさをもっとも根源的なレベルで認めるということだ。お祝い、感謝、残業時の差し入れなど、口実はいろいろある。食べ物は相手への献身を伝える明確なメッセージなる。

7、休みを与える

数々の研究からわかっているように、ダッシュが効果的なトレーニングになるのは、適切な休息と組み合わせたときだけだ。チームの回復のための時間を確保すること。特に自分は大丈夫だと過信しているメンバーを休ませることが大切だ。直属の部下であれば、休ませるのは簡単だろう。問答無用でその日は（あるいはもっと長く）家に帰せばいいだけだ。

8、仕事以外の人生もあることを認識する

誰かの多面性を認めていることを伝える方法はいろいろある。だから、相手の子どもに興味がないなら、スパイダーマンがテーマのパーティについて詳しく聞く必要はない。ただ残業や休日出勤を最小限にするだけでも十分に効果はある。子育てや親の介護はやはり女性が担うことが多いので、相手が女性であればこの方法は特に有効だろう。

9、心からの感謝を具体的に伝える

本当にありがたいと思っていることがあるなら、その感謝の気持ちを本人に伝える。相手の行動と、それがもたらした効果を具体的に描写する。自分の献身をもっと相手に印象づけたいなら、感謝の手紙や、お礼の品など、何か形のあるものを贈るという方法もある。ありきたりな方法でまったく問題ない。花束を贈られて喜ばない人などいるだろうか？

10、「私」を減らし、「私たち」を増やす

言葉には大きな力がある。言葉によって現実を変えることも可能だ。手始めに、自分が1日で何回「私」という言葉を使っているか数えてみよう。そして次に、そのうちの適切な割合を「私たち」に置き換える。さらに「あなた」も増やすことができたら加点対象だ。たとえば、「あなたの希望と夢をかなえるために、私たちに何ができるでしょう?」というように。

「放置」から「正義」への道のりは長く感じられるかもしれない。しかし、人間の経験を変える選択の多くがそうであるように、この道もすぐに移動することができる。実際のところ、誰かに注意を向けるのに、時間はまったくかからない。

COLUMN

相手を尊重しながら解雇する方法

著者たちは、この10年で数え切れないほどの企業幹部と一緒に仕事をしてきた。難しい状況に直面していた人も多い。彼らはあまり後悔するようなタイプではないが、するとしたら、自分のビジネスにとって正しいことがわかっていたのに、それをすぐにやらなかったという後悔がほとんどだ。その中でも、すでに会社にとって必要ではなくなっている人を解雇するまでに長い時間をかけてしまったという後悔がいちばん多い。

従業員を適切に解雇する能力は、リーダーにとってもっとも重要なスキルの1つだ。迅速(じんそく)に、なおかつ遺恨を残さずに行うことが求められる。そのためのアドバイスをいくつか紹介しよう。関連するすべての人が高い基準と深い献身を維持できる方法だ。

・現状維持のマイナス面を認識する

まず行動を起こさないことで生じるコストをすべて洗い出す。たいていのリーダーは、基準に達しない従業員を雇っておくことのマイナス面はよく認識しているが（たとえば、彼らが全体のパフォーマンスや文化に与える影響）、その人を正しい人材と置き換えることの効果は過小評価している。この仕事を本当に優秀な人がやってくれたら、チームや会社はどうなるだろう？　自分のビジネスはどう変化するだろう？

・相手の尊厳を守る

解雇されれば何らかの苦痛は避けられない。たいていの場合、傷つくのは感情と経済状態だ。彼らの尊厳はできるかぎり守らなければならない。話すタイミングから、解雇の金銭的な条件や手順まで、あらゆる点に気を配ること。警備員の助けを借りずにすむなら、それに越したことはない。最近では、解雇された従業員をまるで犯罪者のように追い出すのが一般的になっているが、たとえ報復のリスクがあるからといって、彼らが受ける屈辱を正当化できることはめったにない。

・自分でやる

解雇の知らせをチームの誰かにやらせてはいけない。チームのメンバーは、こんなときのあなたの行動を注意深く観察している。つまりこれは、あなた自身と会社の責任感と価値観を明確に伝えるチャンスでもあるのだ。さらに、解雇される人が適切なサポートを受けられるように配慮する必要もある。あなた自身がその場にいなければ、こういったチャンスのすべてが失われる。

・相手の将来の成功にコミットする

自分の決断を正直に伝え、相手の次のチャンスにつながるように話を組み立てる。解雇にいたった組織の事情をきちんと説明する。彼らが実際にしてくれた貢献に感謝する。キャリアのつまずきは誰もが経験するものであり、たとえ相手を解雇する立場でも、次のステップを踏み出す手助けをすることは可能だ。複雑な事情もあるかもしれないが、状況が許すかぎりはできるだけサポートするようにしよう。

・他のすべての人を尊重する

解雇されずに残るメンバーへのケアも忘れてはいけない。あなたの決断を、彼らはどう受け取っただろう？　彼らはそこからどんな結論を導き出しただろう？　この時点では、ある程度の緊張があったほうが健全かもしれないが、非生産的な不安は取り除く必要がある。メンバーの疑問にはすぐに答える。直接会って話すのが理想的だ。そして落ち着いたら、また部隊を率いて戦場に戻り、より大きなミッションに向けて前進することに集中する。

無料の「贈り物」はない

この章の題は、はじめ「厳しい愛」にするつもりだったが、最終的にただの「愛」に落ち着いた。**誰かが今よりいい未来に到達するのを助けるという贈り物は、著者たちの知るかぎり、もっとも純粋な愛の形の1つだ。**少なくとも、著者たちが朝起きる励みになっていることは間違いない。

ここで「贈り物」という言葉を使った理由の1つは、それが無料ではないからだ。他者を向上させるという行為は、与えるほうがコストを負担することになる。この章を通して見てきたように、「正義」にいたる道で、リーダーはある程度の緊張を経験しなければならない。正しいことを行い、他者の成功につながるような変化を起こしているときは、自分はやりすぎているのではないかと心配になることもあるだろう。しかしそれでも、迷わず前に進んでもらいたい。快適空間の外に出ても、快適だと感じられるようになろう。その見返りに、あなたは他者の才能を解き放つ力を手に入れる。その力こそ、古来より「愛」という名前で呼ばれているものだ。

そして準備ができたら、エンパワメントの次の段階である「帰属」に進んでいこう。この段階に入ると、エンパワーする相手が個人からチーム全体まで広がる。あなたの役割は、それぞれのメンバーが独自の才能を使ってチームに貢献できるようにすることだ。多様性と包摂を活用して、真に卓越したパフォーマンスへの道（より正確にはフリーウェイ）を整えていく。

現状分析

自分を知るための質問

☑あなたの周りにいるとき、人々はどんな感情を持つことが多いか？　あなたは彼らにどう感じてほしいか？

☑自然な状態のあなたは「基準と献身マトリックス」のどのマスに入るか？　どのマスがもっとも自分らしいと感じるか？

☑つねに「正義」のマスに入るために、リーダーとしてどの行動を変える必要があるか？　高い基準と深い献身を同時に示すにはどうするか？

☑どんな見返りがあれば、「正義」のマスに入るための努力に価値があると思えるか？あなたが確実に他者の能力を引き出せるようになったら、どんな変化が起こるだろう？

第4章 帰属――多様な組織を構成し、維持するために必要な4つのステップ

違いを擁護し、それぞれが独自の能力と考え方を提供できる環境を整えるとき、あなたは他者をエンパワーする。

この本の趣旨は、多様性や包摂の大切さを訴えることではない。多様性も包摂も、すでに当然の前提だからだ。とはいえ、どちらについても、まだまだ取り組みが足りていない組織は存在する。むしろありていに言えば、そもそも多様性と包摂という概念がまだきちんと理解されていないのが現状だ。

もしあなたが、包摂は一種のぜいたく品であり、他のもっと重要な問題が解決されたら取り組んでもいいと考えているなら、あなたには最新の経営理論を学ぶための奨学金をぜひ紹介したい。多様性と包摂を重視する組織は、むしろ競争力を高めることができる。**ただ多様な人を集めるだけでなく、真の包摂を達成できれば、ビジネスの問題も解決できる――しか**

もより速く、より効果的に。（注1）

「信頼」の章でも見たように、それぞれのメンバーが本当の自分らしさを出すことができる組織が勝利を収める。さらに、それで恩恵を受けるのはマイノリティに属するメンバーだけではない。個々のオーセンティシティが花開く包摂的な環境では、すべての人が恩恵を受けることができる。

この章ではこの考え方を前提として、次の段階で直面する課題について考えていく。それは、**包摂的なチームをつくり、運営していく**ことだ。

ここでの目標は、卓越したチームをエンパワーする方法をあなたに伝授することだ。あなたのチームは、メンバー同士の違いにもかかわらず成功するのではなく、違いがあるからこそ成功する。著者たちが知る優秀なリーダーの多くは、多様性と包摂の大切さを理解しているが、それでも包摂の実現に苦労し、自分とは違うメンバーの才能を完全に解き放つことができずにいる。この章では、この問題を克服する方法について見ていこう。[a]

(a)　この章では一見してわかる違いとわからない違いの例として、女性とLGBT＋を中心に考えていく。この例を選んだ理由は、紙幅に限りがあることと、著者たちがこの2つのグループに属することだ。言うまでもなく、ここでのアドバイスがすべてのマイノリティグループに当てはまるわけではないが、基本的な方向性は示せていることを願っている。話題に応じて他のグループにも言及している。

今すぐ、包摂的なチームを作ろう——新しい仲間を雇う

ここでは組織と人間の関係をライフサイクルに見立てて論を進めていきたい。

出発点は新しい人材を雇うことだ。次に、雇った人たちが十分に力を発揮できるような環境を整え、そして彼ら優秀な人材を維持するところでこのサイクルは閉じる。

エンパワメント・リーダーシップという観点から課題に取り組んでいけば、ただ周りと違う人が安心できるだけでなく、違いが歓迎され、祝福され、大切に育てられる環境を構築することができるだろう。

最初に確認しておきたいのは、**包摂的なチームの構築は直感に従って行う**ということだ。

本書で提案する手順や構造が絶対ではない。そして、できるだけたくさんのことを同時に行うことをおすすめする。または少なくとも、何らかの行動は始めてもらいたい。包摂的なチームをつくる最適なタイミングが知りたいなら、答えは「今」だ。

まず一つには、絆創膏(ばんそうこう)を一気に剝がすように、とりあえずやってしまえという考え方がある。変化の気配がすると、組織内に不安が広がる。その不安への対策は、変化を現実にしてしまうことだ。待つ時間が長くなるほど、妄想がどんどんふくらんで不安が大きくなる。

著者たちの友人で、教師仲間でもあるトム・デロングの表現を借りれば、未来に起こりう

るあらゆる大災害を妄想するということだ。それに、とりあえず始めてしまえば勢いがつく。障害を乗り越えながら前に進んでいく過程でいろいろなことを学び、学習曲線をいやでも上昇させることができるだろう。

包摂を促進するために、最大限の行動をできるだけ早くしないことの大きな問題は、実際に偏見が問題になったときに適切な行動を起こせないことだ。それはチームの士気を下げるだけでなく、倫理的にも間違っている。

同じ人間であるチームのメンバーが、構造的な偏見によって才能を発揮するのを妨げられているのに、リーダーであるあなたが何の行動も起こさないでいると、この組織では不平等も、その結果として才能が生かされないことも受け入れられているとみなされる。チームに向かってこんなことを言う自分を想像してみよう。

「うちのチームでエンパワーされているのはストレートの白人男性だけだ。私も問題を認識しているが、他にも解決すべき問題はたくさんある。この問題は時間ができたときに対処しよう」。あからさまな偏見が存在するのに行動を起こさないのであれば、このメッセージを発しているのと同じことだ。

包摂を目指すあなたの努力を阻止しようとする人は必ず存在する。例外なく、必ず、だ。彼らはたいてい、組織に長くいる人たちで、組織に対する思い入れも強い。変化によって組織のよさが失われてしまうことを心配している。

著者たちがハーバード・ビジネススクールでジェンダー不平等の問題に取り組んだときは（詳しいことは第6章を参照）、自分は学校のためを思っていると信じて疑わない善意の同僚たちから、1年は待ったほうがいいとアドバイスされた。しかし、相手は100年の歴史を持つ組織なのだから、変化が1年くらい早くなってもたいしたことではないはずだ。

著者たちの経験から言えば、何事も要求しなければ始まらない。大きな組織では、いつも変化は突然やって来る。著者たちも苦い経験からそれを学んだ。だから、とにかく今すぐに始めて、出てきたドラゴンは手当たり次第に倒しておいたほうがいい。

著者たちは、あらゆるレベルで変化を起こす人たちと緊密に連携してきたが、「もっと時間をかければよかった。もっと行動を少なくすればよかった」と言った人は1人もいない。実際に耳にするのは、その正反対の言葉ばかりだ（コラム「『変化への抵抗』を示す10のサイン」を参照）。

COLUMN

「変化への抵抗」を示す10のサイン

より包摂的な職場環境を目指して努力しているが、同僚たちに足を引っぱられているような気がするとしよう。「変化への抵抗」はさまざまな形で現れ、中には一見しただけではわからないものもある。そんなときのために、組織が変化に抵抗していることがわかる10のサインを紹介しよう。

1、問題に対処するタスクフォースが任命されている

大胆不敵に行動する小さなチームなら問題ない。むしろそれは行動を加速させるもっとも重要なツールの１つだ。一方でタスクフォースは、そのほとんどがこの役割に適していない。あなたの組織でも、タスクフォースのような通常の指揮系統の外にあるチームに変化を任せようとしているなら、必要な権限がきちんと与えられていることを確認しなければならない。

2、時間と労力をかけたことを感謝される

まったく厳しいことを言われない、むしろ放置されているように感じるというなら、おそらくその通りだ。ちなみに、これは反論されるのとは違う。反論はむしろ歓迎すべ

き反応だ。変化の担い手であるあなたは、自分のアイデアを説明して周りを納得させなければならない。そして同僚の役割は、あなたのアイデアを信じて積極的に関わることであり、何でもあなたの好きにやらせることではない。

3、組織に（本当に）問題があると思っていない

会社に包摂の問題があるという結論が出ても、その結論に疑問をはさむ人が出てくることは覚悟しておこう。厳しい現実は、認めるのが難しいからこそ厳しい現実なのだ。偏見が容認されている（あるいは、むしろ助長されている）というデータは、特に受け入れるのが難しいようだ。しかし、そこで挫（くじ）けてはいけない。証拠をしっかり集めて、それを効果的に伝える。包摂を避けることのコストがよくわかるような逸話も有効だ。

4、匿名の人物が表明した重大な懸念に応じることが求められる

この会話はだいたい次のような言葉で始まる。「友人として伝えるけれど、みんながこれについてどう言っているか知っておいたほうがいいよ」。相手の意図はあなたをコントロールすることであり、エンパワーすることではない。ここで噂を気にしたら相手の思うつぼだ。批判があるなら本人から直接伝えてもらうようにする。中にはもっともな批判もあるはずだ。実りある協力関係は明るい場所で結ばれる。

５、「法的な問題」があることを匂わせる

この問題への対処法は、法務部と直接やりとりすることだ。実際に法律を専門にしている人たちは、ただ「法的な問題」を匂わせるだけの人たちよりも、はるかにクリエイティブで、柔軟で、解決志向だ。法律家は「ひたすらリスクを嫌う、くそ真面目で面白みのない人たち」だと思われているが、それは何も知らない人たちの勝手なイメージでしかない。だから早い段階で彼らと協力関係を築いておいたほうがいい。

６、他の変化をひたすら指摘する

これをやる人は、どうやら１つの組織がポジティブな変化を起こせる数には上限があると考えているようだ。そしてあなたの取り組みが成功すると、どうやらその上限を超えてしまうらしい。人々は自分の組織が変化に適応する能力を過小評価する傾向がある。それに加えて、行動を起こさないことのコストも過小評価している。大切なことなのでもう一度言おう。偏見が存在するのに行動を起こさないのは、反倫理的であり、非人道的だ。

7、「もう少し待てば状況が改善して今よりもずっと変化を起こしやすくなる」と言い続ける

これがもっともよく遭遇する抵抗かもしれない。未来のいつかの時点で、変化を起こすのがもっと簡単になるという幻想だ。著者たちの経験から言えば、その通りになることはほぼ皆無であり、実際はその正反対が正しい。今のあなたには、明確な問題意識と勢いがある。それはとても頼りになる資産だが、放っておくと消えてしまうという性質もある。ほとんどのケースで、いちばん優先されなければならないのは「今すぐに解決しなければ」という切羽詰まった問題意識だ。特に周りの人のウェルビーイングがかかっているならなおさらだ。

8、行動スケジュールがどんどん後ろ倒しになる

これもまた、よくある「先延ばし戦術」だ。6と7で表明した懸念への解決策は提案されるのだが、そこから先にはなかなか進まない。あなたのアイデア自体は受け入れられても、実際に変化を起こすための行動スケジュールがどんどん後ろ倒しになっていく。これはかなりの危険信号であり、あなたのミッションそのものが消滅の危機にさらされていると捉えるべきだ。ミッションが包摂を促進することであるなら（これは健全な組織であるために欠かせないミッションだ）、行動を起こす正しい時は「今」しかない。

9、時間がたてばそのうちうるさく言わなくなるだろうと思われている

経営思想家のアール・サッサーは、この現象を「腎臓結石マネジメント」と呼んでいる。放っておけばいずれ消えるという態度だ。そういう相手には、自分は絶対にあきらめないということを明確に伝えておかなければならない。できれば笑顔で伝えるのが望ましい。その人のオフィスに毎朝コーヒーを届けることになっても（もちろん相手の好みのコーヒーだ）、ミーティングを開いてもらうまであきらめてはいけない。ちなみに、著者たちはこの方法でいつもうまくいっている。

10、「それはもう試した」と言われる

あなたの提案と似たようなことが、たしかにすでに実行されたのかもしれない。もしそうなら、会社の歴史を勉強してそのときの状況を理解する。過去にうまくいかなかったのは、戦略が間違っていたのか、それとも実践に問題があったのか。過去の失敗からできるだけたくさんのことを学ぶ。いずれにせよ、過去と現在は違う。特に現在には、あなたの存在という大きな違いがある。あなたにとって初めての挑戦なら、過去がどうだろうとまったく関係ない。

ステップ1　多様な才能を引き寄せて選別する

著者たちがこれまで間近で観察できた例で考えると、すべての従業員の採用に共通する問題は、多様性の促進に改善の余地があることだ。たいていの組織は、自分たちが直面するさまざまな問題については、厳密に分析し、情熱を持って改善に取り組むだろう。ここでの目標は、多様性の促進にも同じように取り組んでもらうことだ。

まずは、多様性の欠如は問題であると認識するところから始めよう。市場シェアを失うことや、業務の非効率が問題であるのと同じことだ。他と比べればより感情的になりやすい問題かもしれないが、解決するためにはその感情を乗り越え、解決は可能だという心理状態になる必要がある。

多くの組織が、何らかの形で多様性の問題を抱えている。たとえば、採用する人々のデモグラフィック（人口統計学的な属性。年齢、性別、住んでいる場所、など）が限定されている組織もあるだろう。そういった組織は、ストレートの白人男性の中からなら最高の人材を見つけることはできるが、女性、ピープル・オブ・カラー、ＬＧＢＴ＋など、それ以外の属性を持つ人々の才能を発掘する方法はまだ確立できていない。それに、たとえストレートの白人男性であっても、学歴や社会階層などが違えば、彼らにとっては見えない存在だ。

自分のチームの多様性を知るために、簡単なテストをしてみよう。

あなたのチームのデモグラフィックは、国全体のデモグラフィックと比べてどうだろう？同程度の多様性を有しているだろうか？　もしチームのデモグラフィックのほうが画一的だというのなら、多様性の問題を抱えているということだ。あなたはおそらく、人材を探す対象を最初からかなり絞っているのだろう。その結果、それ以外の属性を持つ人々の才能を生かせていないだけでなく、馴れ合いの文化に陥るリスクもある。

採用は、人材を引き寄せること、その中から選別することの2つのパートに分けられる。人材を引き寄せるために必要なのは、組織の外にいる人たちに興味を持ってもらうことだ。現行の採用プロセスでは似たような人ばかり集まるというのなら、採用プロセスそのものを変える必要があるだろう。とはいえ、すべてをがらりと変える必要はない。今のやり方を維持しながら、今までとは違う人材を採用することは可能だ。

そもそも「違う人材」とは具体的にどういう人たちなのだろうか。まず考えるのは、今まで採用していた人たちに共通する属性だ。たとえば、あなたの会社の管理職は白人の男性ばかりで、法律の専門家を新しく雇いたいというのなら、成功した黒人弁護士の集まりである「1844」のような組織で人材を探してみるといいだろう[b]。

あるいは、テクノロジーの人材を探しているなら、「世界最大の女性技術者の集まり」（注

2）を自称するグレース・ホッパー・セレブレーションに参加するという方法がある。歴史的に黒人が多い大学、女子大、馴染みがない地域にある大学で採用活動を行ってもいい。言い換えると、今までとは違う人を引き寄せたいなら、彼らがいる場所に出かけて、彼らと会う必要があるということだ（彼らがマジョリティになる場所が理想的だ）。

カミー・ダナウェイは、Ｄｕｏｌｉｎｇｏのカリスマ性あふれる最高マーケティング責任者だ。Ｄｕｏｌｉｎｇｏは画期的な語学学習アプリで、「ゲーミフィケーション」を積極的に活用して３００万人以上のユーザーを獲得している（ゲーミフィケーションとは、ゲームではないアプリでゲームの機能を応用することだ）。

ダナウェイはテック業界で卓越したキャリアを築き、ヤフーでも最高マーケティング責任者を務めた経験がある。エンパワメント・リーダーシップという言葉こそ使っていないが、自身が執筆して同僚たちにも配っている「個人的な業務ガイド」（タイトルはユーモアを込めて『カミーについて知りたいこと』だ）を読むと、その言葉にはエンパワメント・リーダーシップの精神があふれている。たとえば、数十年前から掲げている彼女の個人的なミッションは、「人生で出会う人たちにポジティブな影響を与える存在になる。彼らを勇気づけ、挑戦を促し、彼らが才能をフルに発揮する手助けをする」だ。

Ｄｕｏｌｉｎｇｏでは、新しく採用するエンジニアの男女比がすでに半々になっている。しかも、もっとも新しく採用したエンジニアに限れば、その７割がピープル・オブ・カラーだ。どちらもテック業界では画期的なことであり、Ｄｕｏｌｉｎｇｏがこれを達成できたのは、採用プロセスを大きく改革したからだ。たとえば、コンピューター科学を学ぶ女子学生が18パーセント未満の大学からは採用しないと決めている（18パーセントは全国平均だ）。

包摂を目指して努力している多くのリーダーと同じように、ダナウェイもまた、採用基準を必ず守ることの大切さを訴えている。そのためには、「あるポストが何カ月も空きの状態になってもかまわない」という。彼女が自身の経験から学んだのは、忍耐と粘り強さの大切さだ。才能あるマイノリティの人材は必ず存在する。ただそれを信じて、彼らが現れるのを待てばいい。（注３）

著者たちも、ＷｅＷｏｒｋとの仕事には同じ姿勢で臨んだ。ＷｅＷｏｒｋはシェアオフィスやコワーキングスペースを提供する会社で、経営陣の交代とＩＰＯ時の混乱からまだ再建の途上にある（注４）。著者たちは今でもこの会社の顧問を続けていて、さらにこの会社には明るい未来が待っていると公言してはばからない。（注５）

この会社を信じる理由の１つは、包摂への深いコミットメントが存在することだ。ＷｅＷ

(b)「１８４４」という名前は、メイカン・ボリング・アレンが１８４４年に黒人として初めて弁護士になった事実に由来する。

ｏｒｋの採用チームは、多様な人材を集めることを目指して情熱的に働いている。彼らは上級幹部と話す機会があるたびに、働く母親、ピープル・オブ・カラー、退役軍人、移民など（つまり、あらゆる人材）を積極的に採用するためのアイデアを数多く提案してきた。従業員の優先順位を知るための年末の調査で、「包摂」がトップになったのも当然の結果だろう。

著者たちにとって、ＷｅＷｏｒｋでのミッションの１つは、才能ある女性を採用し、組織のあらゆる場所で男女比を半々にすることだ（コラム「優秀な女性を採用する方法」を参照）。現場の従業員のレベルではすでに男女同数を達成していたが、上級幹部ではまだだった。少なくとも、つねに男女同数にはなっていない。

著者たちが採用した対策の１つは、あえて自分たちが知らない女性を探すことだ。しかし、長い時間をかけて丁寧に採用活動を行っても、「自分の知らない女性」というカテゴリーに入る人たちに無事に入社してもらえるとはかぎらない。ここで成果を上げている会社は、優秀な女性を探すことだけでなく、彼女たちに「イエス」と言ってもらうことにも同じくらいのエネルギーを注いでいる。この２つはまったく違うスキルが必要だ。

COLUMN

優秀な女性を採用する方法

著者たちは、女性をもっとたくさん採用する方法についてよくアドバイスを求められる。それは、彼らが「優秀な女性が見つからない！」と嘆くたびに、著者たちがそんなことはないと反論するからだ。

著者たちがこれまでに学んだ方法を要約してお伝えしよう。

・現行の採用プロセスを徹底的に見直す

男性の採用は順調だが、女性はなかなか見つからず、そのどちらでもない人となるとさらに少ないというのなら、今の採用プロセスはある特定のデモグラフィックを集めることに特化していると考えられる。この問題をきちんと認識すれば、女性を引き寄せる新しい採用プロセスをデザインすることができる。（注６）

・焦らない

優秀な女性を見つけるには時間がかかる。なぜなら、ほとんどの採用プロセスが女性の採用に最適化されていないからだ。成功したヘッドハンティング会社、ザ・リーダーシップ・エージェンシー創業者兼ＣＥＯのジェイミー・フーバノフの経験によると、一般的な会社が幹部社員の採用で４週間を費やすと、80パーセントの確率で候補者がすべて男性になるという。探す期間を６週間から８週間まで延長すると、その数字は60パーセントまで下がる。フーバノフによると、もっと女性の採用を増やしたいなら、「相手とつながり、説得するために」通常より多くの時間をかける必要がある。（注７）

・優秀な女性がいる場所を見つける

優秀な女性は、おそらく今の仕事で忙しく働き、そして今の仕事で満足しているだろう。ヘッドハンターに転職の相談をすることはなく、過去にヘッドハントを打診されても断っている。

自分の分野の優秀な女性がたくさんいる場所がわからないというのなら、知り合いの優秀な女性に尋ねてみればいい。優秀な女性が多く出席するイベント、彼女たちがよく接するメディア、彼女たちがロールモデルとする人などを教えてもらえるだろう。

・自分で声をかける

どんな女性の人材が欲しいかがわかったら、そこで仲介業者をあてにしてはいけない。業者では相手に断られる確率がはるかに高くなるからだ。プロのリクルーターはたしかに助けにはなるが、最初に声をかけるのはあなた自身であるべきだ。採用試験は最低限にとどめ、もしエージェントに仲介してもらわなければならないなら、マナーが完璧な人を選ぶこと。

当時は大統領候補だったミット・ロムニーが「女性のバインダー」という表現を使ったとき、働く女性たちの多くが不快感を覚えたのは、自分がそのバインダーに入ったときの気持ちが想像できたからだ。ボスが決めた条件に合うという理由で選ばれた女性のリストに入るのは、あまり気持ちのいいものではない。

・明確なメッセージを伝える

相手に声をかけるときは、こちらの意図を明確に伝えること。声をかけておきながら、「また数週間後に連絡します」と言ってはいけない。話がまとまりそうになってから、「他の候補も検討したいので、いったん保留にさせてください」と言ってはいけない。女性はこの種の曖昧なメッセージをいつも受け取っている（大胆不敵になりなさい、でも女らしさも忘れずに！　強い女になりなさい、でも隙も必要です！）。

あなたのメッセージに少しでも曖昧さがあったら、相手はあなたもその他大勢と同じだと判断するだろう。女性の能力を過小評価しているか、あるいは強い女性に対して複雑な感情を抱いている人だと思われる。

・交渉の必要がないオファーを出す

あるテック企業のスタートアップが、極めて優秀な女性COOの採用に成功したのは、こんなオファーを出したからだ。「弊社ではちょうどトップクラスのCFOを雇ったところです。彼には社内で最高の報酬を約束しました。あなたにも彼とまったく同じ条件を提示したいと思います」。

みなさん、よく覚えておいてもらいたい。これが正しいやりかただ。

相手の価値を最大限に認めているというメッセージを明確に伝えている。そして彼女のほうは、同じような仕事をしている同僚の男性より給料が低いのではないかという心配をする必要がない。

・相手のリーダーシップ能力を称賛する

女性たちは、自分の実務能力が高いということは自覚している。最高の女性リーダーがその地位にいるのは、職務を遂行する能力に長けていたからだ。そのため、実務能力だけでなく、リーダーとしての能力、他者を鼓舞し、エンパワーし、才能を解き放つ能力を認められると、女性がオファーを受ける可能性は高くなる。

・相手の事情を理解する

彼女がその仕事を受けたら配偶者も一緒に引っ越しをするというのなら、引っ越し先で配偶者が自分の会社以外で仕事を見つけられるように手助けする。彼女が母親なら、子どものためにいい学校を探す手伝いをする。老親の面倒を見なければならないという事情があるなら、柔軟な働き方ができるように配慮する。著者たちの経験から言えば、女性を採用するときは、相手の事情を理解してできるかぎりの配慮を見せるほうが、金銭的な条件のいいオファーよりも受けてもらえる確率が高くなる。

・優秀な女性を他にも紹介してもらう

上級幹部で唯一の女性という立場はまったくありがたくない。もう1人女性がいても、ほんの少しマシになるだけだ。最低でも3人の女性がいれば、全女性を代表しなければならないようなプレッシャーからある程度は解放され、自由に自分の力を発揮することができる（注8）。その女性を採用してもまだ3人にならないというのなら、彼女が一緒に働きたいと思う優秀な女性を紹介してもらう。この提案で、包摂的なチームをつくる強い意志を伝えられるだけでなく、優秀な人をより多く採用することもできる。くり返すが、優秀な女性は、優秀な女性がいる場所を知っている。

・「配慮が足りないと思うことリスト」を教えてもらう

こちらが気づかずにやったことが、多くの働く女性に余計なストレスを与えかねない。「デイケアセンターが開く前の時間に重要なミーティングを入れる」といったことだ。相手の事情に配慮して、ストレス源をできるかぎり排除しよう。

たとえば、彼女が赤ちゃんを母乳で育てているなら、出張に赤ちゃんを連れていくことができるように、同行するベビーシッター代を会社が負担するといった配慮が考えられる。これで母親と赤ちゃんが絆を深める貴重な時間が確保できるだけでなく、母親にとっては、空港のトイレで母乳を絞り、荷物検査のときに母乳の入った瓶について係員に説明しなければならないという屈辱的な手間も避けることができる。

それと同じように、相手がアフリカ系の男性なら、元ゼロックスCEOのアーシュラ・バーンズが言っているように、「地元に黒人の髪の毛の扱いに慣れた美容院があることを確認する」といった配慮が考えられる。（注9）

・自分の本気度を明確に伝える

相手と一緒に働けることを心から熱望していること、相手が成功できるように全力で働くつもりだということをはっきりと伝える。そしてオファーを受けてもらったら、その約束をきちんと守る。

たとえば、たいていの優秀なプロフェッショナルの女性はそれぞれの事情を抱えている。住める場所が決まっているかもしれないし、週に一度はリモートワークにする必要があるのかもしれない。あるいは、出社できるのは子どもを学校に送ってからになるということも考えられる。

著者たちの場合、特別な医療ケアが必要な子どもを育てているので、緊急の場合に備えて病院の近くに住む必要がある。その点、ＷｅＷｏｒｋは女性の全人生を引き受ける採用を心がけているので、著者たちも安心してオファーを受けることができた。２０１９年の終わりには、社内改革に携わる管理職の50パーセント以上を女性が占め、彼女たちの全員が新しく採用された人たちだった。（注10）

「選別」とは、条件を満たした候補の中から最高の人材を選ぶ能力を意味する。採用の基準が客観的であるほど、包摂という観点で合格点に近づくことができる。「最高のアスリート」や、「文化にフィットする」など、ふんわりとした主観的な基準は避けること。こういった基準を好むのは、ほぼ例外なく自分の選別眼に過剰な自信を持っている人だ（この種の基準をどうしても使いたいというのなら、まず以前の採用の結果をきちんと分析し、自分の選別眼を客観的に評価することをおすすめする）。

人間にはどうしても好みがあり、あなた個人の好みは会社の利益と合致しないかもしれないということを認識し、できるだけ私情を排した選別ガイドラインを制定すること。選別の基準をできるかぎり明確に定め、そしてカミー・ダナウェイを見習って、その基準を下げることを拒否する。(c)

それに加えて、社外の人にも平等な条件になるような方法を考える。コメディアンのサマンサ・ビーは、深夜のコメディ番組を始めるにあたり、多様なメンバーからなる作家チームをつくることを最優先課題にした。これは並大抵のことではない。「変化を起こすのはかなり大変だった」とビーは言う。「今でも進行中のプロセスで、自分も普段からそういう心構えでいなければならない」。(注11)

そこで製作総指揮のジョー・ミラーは、新しい作家の採用で匿名での応募を受けつけることにした。応募者は、名前も経歴も書かず、ただ作品だけで判断してもらうことができる。(d)ミラーはまた、誰でもわかりやすいように応募書類のひな形も作成した。業界用語や、求められるフォーマットの説明もついている。これらの変化と、さらに変化を起こし続けるという強い意志によって、この番組の作家チームは男女比50対50を達成した。深夜番組では前例のないことだ。(注12)

どんな採用プロセスを選ぶにせよ、説明責任を組み込むことを忘れてはいけない。たとえばＷｅＷｏｒｋは独自の分析ツールを開発し、採用の多様性が保たれているかチェックするようにしている。このツールを使うと、実際に採用された人だけでなく、書類ではじかれた人、面接をしたうえで不採用にした人、最終面接まで残った人などの特徴も知ることができる。採用プロセスのすべての段階で、意思決定の傾向が可視化されるのだ。

健全なプロセスであれば、段階が移行しても候補者のデモグラフィックは同じような構成になっているはずだ。しかし段階の移行によって構成が変わるなら要注意ということになる。構成の変化にはあらゆる原因が考えられる。たとえば、採用するマネジャーが、働く母親のニーズをよくわかっていなかったのかもしれない。この分析ツールがあれば、経営陣はマネジャーを適切に教育し、意図した通りの変化を起こすことができる。

ここで大切なのは、包摂を促進するような基準を開発し、それを使うことだ。さらに、いわゆる「候補者のバランスを取る」ことの弊害を避ける必要もある。

ここ10年から20年の間に、組織は採用候補者の多様性を重視するようになった。「候補者

(c)　多様性を達成するには基準を下げなければならないのではないかという懸念をよく耳にする。この懸念によって、選別に何らかの政治的な意図が入るのが正当化されることが多い。この懸念に対抗するために、誰もが理解できる明確な選別基準を定める必要がある。

(d)　Blendoorなどのソフトウェアを使うと、応募者の情報を匿名化して採用プロセスの偏見を排除することができる。Blendoorは現在、フェイスブック、グーグル、ツイッター、Airbnbといった影響力の大きい企業の採用で活用されている。

のバランスを取る」という手法が注目を浴びたのは、２００３年、ＮＦＬ（アメリカンフットボールのプロリーグ）が新ヘッドコーチを採用するときは候補に１人以上のピープル・オブ・カラーを入れなければならないと決めたことがきっかけだった。

この決まりは、ピッツバーグ・スティーラーズの元オーナーで、ＮＦＬダイバーシティ委員会議長のダン・ルーニーにちなんで「ルーニー・ルール」と呼ばれる。ＮＦＬが高らかに宣言したところによると、黒人ヘッドコーチを増やすには、候補者に必ず黒人を入れるようにするのがいちばんの方法だ。

しかし、問題もあった。ルーニー・ルールが導入された２００３年、ＮＦＬには３人の黒人ヘッドコーチがいた（注13）。そして２０１９年、ルーニー・ルールが多様性の切り札として大々的に導入されてから16年後、黒人ヘッドコーチの数は３人のままだった。

候補者のバランスを取ることや、その他の多様性を促進するためのルールについて著者たちの見解を述べるなら、もし効果があるならぜひ使うべきだ。そして効果がないのなら、その理由が何であれ、そのルールはあきらめて新しいやり方を考えるべきだろう。ルールの良し悪しは結果でのみ判断される。

そこで次に考えつくのが「クオータ制」だ。人種や性別の比率を厳格に定めたクオータ制は、言ってみれば多様性を達成する最後の手段だが、真の意味での帰属や包摂を達成する助けにはならない。決められた数を守ったところで、多様性の利点をフルに生かせるようなチームをつくることはできず、かえって恨みや不満、不安を生んでしまう。とはいえ、他の方法がすべてうまくいかなかったのなら、より平等な世界を達成するにはクオータ制に頼るしかない場合もある。(e)

ステップ2　成功するチャンスを平等に与える

著者たちの経験から言えば、成功するチャンスがある環境には2つの条件がある。1つは包摂を重視する文化で、もう1つは成長するチャンスが平等に与えられていることだ。文化については後で詳しく見ていくが、ここでも文化の役割について少し触れておきたい。組織内での帰属に欠かせない存在だからだ。

包摂の文化には、「安全」、「歓迎される」、「祝福される」、「大切にされる」という4つのレベルがある（177ページの図4-1を参照）。著者たちは、リーダーたちと包摂について話すときに、自分のチームの包摂レベルをこの図を使って計測してもらうことがよくある。

(e) アメリカと南アフリカの公民権運動の歴史を見れば、構造的な差別の対策としてクオータ制は必要だが、それだけでは十分ではないということがわかる。

それぞれのレベルを判定する基準は次の通りだ。

1、安全
自分が誰であるかに関係なく、すべての従業員が職場で心理的・身体的安全を感じる。

2、歓迎される
自分が誰であるかに関係なく、すべての従業員が職場で歓迎されていると感じる。職場で「自分のすべて」を出しても罰を受けることはない。

3、祝福される
まさに自分が自分であるからこそ、すべての従業員が職場で祝福されていると感じる。自分の独自性を生かしたアイデアや意見をチームに提供し、それによって高く評価される。

4、大切にされる
包摂の文化が組織のすみずみまで浸透している。リーダーは従業員それぞれの違いを組織の競争力として活用し、各個人、各チーム、各部署がほぼ同じような帰属を経験する。

図4-1　包摂のダイヤル

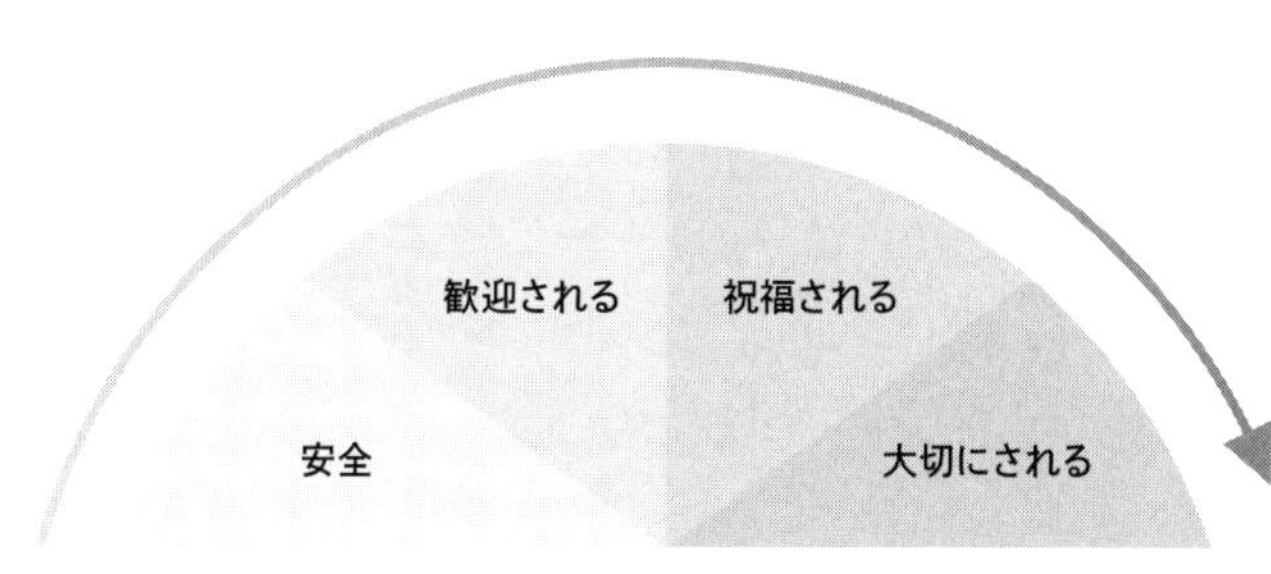

図４－１を参考にあなたのチームを評価すると、ダイヤルはどの位置になるだろう？

ここで注意してもらいたいのは、チームの全員が同じレベルを同じタイミングで経験しているわけではないことだ。安全を感じている人もいれば、歓迎を感じている人、祝福されていると感じている人、あるいはそのどれも感じていない人もいるだろう。自分のチームのパターンがわかれば、それを足がかりに、完全な包摂を達成するまでの道が見えてくる。

それに加えて、ある個人や、ある特徴を共有するグループのレベルが上がると、他のグループのレベルが意図せずに下がることもある。たとえば、ある文化で女性がより受け入れられるようになると、その同じ文化にいる男性の中に、間違ったことを言ってはいけないとビクビクするようになる人が出てくるかもしれない。もしあなたのチームがそのような事態になっているなら、共感の促進と、直接的な対話を行ったほうがいいだろう。

包摂の文化を維持するには、チームの全員にとって利益になる環境にしなければならない。

1、安全

この定義をもっと具体的に見ていこう。**まず大前提として、すべての人が職場で安全を感じられなければならない。そしてリーダーは、安全が脅かされそうな従業員を守り、エンパワーする必要がある。**

典型的な例の1つが、女性に対するセクハラだろう。女性は職場でセクハラの被害者になるリスクが高く、このリスクがあるだけで、心理的な健康はもちろん、身体的な健康も影響を受ける可能性がある(注14)。そのため会社側は、適切なガイドラインを制定し、セクハラは絶対に許さないという文化を確立しなければならない(注15)。従業員に心身の基本的な安全を提供できないのであれば、次の3つのレベルについて考えるのはまだ早すぎる。その状態ではたいした成果は上げられないからだ。

2、**歓迎される**

安全は確保したと断言できるなら、そこでやっと次のレベルに進むことができる。このレベルの目標は、すべての従業員が職場で歓迎されていると感じられるようになることだ。

「すべての従業員」の中には、もちろん「違う人」に分類される人たちも含まれる。白人が多い職場に黒人がいるのであれば、誰が違う人になるのかはとてもわかりやすい。しかし一方で、宗教、政治的立場、性的指向などは、一見しただけではわからない。

独身の20代がメインのチームで、夜遅い時間のミーティングが当たり前のように行われているなら、30代のシングルペアレントにとって働きにくい環境かもしれない。あるいは、多発性硬化症などの「隠れた」持病がある人が、通院のために病気休暇を取るのに苦労しているかもしれない。

社内の多数派とは違うグループに属する従業員も、罰を受けることなくありのままの自分を出せる環境でなければならない。多数派に引け目を感じることなく、同じくらい堂々としていられるべきだ。これはいわゆる「心理的安全性」の問題でもある。心理的安全性とは、著者たちの同僚で、友人でもあるエイミー・エドモンドソンが生み出した概念であり、「人々が安心して自分らしくいられる」ような組織の文化を意味する（注16）。高いパフォーマンスを発揮するチームに必須の文化はいくつかあるが、心理的安全性もその1つだ。

3、祝福される

人々が安心し、歓迎されていると感じられる環境ができたら、次の目標は人と違うからこそ価値を認められ、祝福されるような環境をつくることだ。違いを祝福する文化では、その違いから創造性、イノベーション、組織の強さが無限に生まれてくるとみなされる。たとえば、顧客管理ソリューションを提供するセールスフォースは、その文化を体現した組織と言えるだろう。セールスフォースで「最高平等責任者」を務めるトニー・プロフェットは、この文化が従業員にとっても組織にとっても重要であることを熱弁する。

チームの多様性や包摂を担当する役職は、「最高多様性責任者」と呼ばれるのが一般的だ。プロフェットは「最高平等責任者」という独特な役職名について、多様性は単なる出発点にすぎないからだと説明する。ただ多様なメンバーを集めるだけでなく、個々のメンバーが「自分の存在が認識され、歓迎され、価値を認められた」と感じるときに、本当の魔法が起こる。

この経験は、組織にとって競争力を生む資産だ。まるで複雑なモザイク模様のように、さまざまな特徴を持ったメンバーが集まってひとつのすばらしい全体が描かれる。「さまざまなアイデアが混ざり合い、美しさが生まれるんだ」とプロフェットは言う。(注17)

4、大切にされる

包摂という文化の最後のフロンティアは、多様性が組織に深く浸透し、所属する部署や役職、仕事の内容に関係なく、すべての従業員が「自分らしさを大切に育ててもらっている」と感じるようになることだ。帰属を目指す旅では、ここまで到達するともう後戻りはできなくなる。この段階になると、包摂を重視するマネジャーの下で働けるのは「好運」ではない。それはすでに当たり前のことであり、すべての人が「違う」人たちに対してごく自然に配慮し、違いがあるからこそ組織全体が向上するという揺るぎない信念がある。

ミシェル・ドゥケリスが目指しているのもまさにその状態だ。ドゥケリスは大手ビール会社アンハイザー・ブッシュのCEOで、「包摂が多様性を推進する。その逆ではない」という強い信念を持ち、社内のすべての場所で帰属の文化を根づかせようとしている。アンハイザー・ブッシュが「包摂のダイヤル」で「大切にされる」のレベルまで行くことができれば、組織全体の才能を解き放つことができるはずだとドゥケリスは信じている。「わが社のもっとも大きな長所は人間だ」と、彼は著者たちに話してくれた。「人々を正しく扱うことができれば、もう誰も私たちを止められなくなる」。

チームが活性化するミーティングの風景

それでは、実際の職場で包摂のダイヤルはどのように進んでいくのだろうか？

ここでは定期的なミーティングを例に考えてみよう。チームのメンバーは主に白人だが、あなたはアフリカ系かラテン系の若い女性だと仮定する。ミーティングの日時が決まり、あなたは安心して出席できる状態だ。会社のスラックを使ってしつこくデートに誘ってきた男性社員は、すでにチームから外されている。

あなたが部屋に入ると、ある白人の女性メンバーがあなたに隣に座るように言う。歓迎の意思表示だ。ミーティングの司会（年上の男性）がミーティングの開始を告げ、まず「チームのアドバイスが欲しい。すべての人の意見を聞きたい」と言う。あなたはこの時点で、とても前向きな気持ちだ。リラックスして、話し合いに参加する準備ができている。

ミーティングは続き、意見がだんだんと集約されてプランの方向性が見えてきた（ほとんどの組織はこの時点で勝利宣言を出し、そのプランを採用するだろう）。あなたには違うアイデアがあるが、せっかくまとまりかけているのに余計なことを言うのは気が引けると思っている。

そのとき司会が言った。「ここで視点を変えてみよう。この問題を別の角度から考えてみたら、どんなことが見えてくるだろう？」。いくつか新しい意見が出てきた。司会は、「なるほど！　それは思いつかなかった！」などと声をかけ、すべての意見が歓迎されていることを伝える。チームがさらに思考を深められるようにするためだ。

司会は次に、「何か見落としていることはあるだろうか？」と言った。この言葉で場の空気が変化し、あなたはついに自分のアイデアを提案する。チームは敬意を持ってそのアイデアについて議論する。あなたが気づいていなかったリスクも指摘されたが、全体としてはアイデアの大胆さに触発されて部屋が活気づいた。

司会は言う。「たしかに、もしかしたらうまくいかないかもしれない。しかし私は、○○

（あなたの名前を入れる）の野心的なアイデアが気に入った。勝つためにはこういうアイデアが必要だ」。あなたはそれを聞いて、自分が会社から「大切にされている」と感じることができる。自分は周りと違う発想をするからこそ、会社に貢献できているのだ。そして、自分はこのチームに所属していると、何の疑いもなく信じることができる。

この感覚は、すでにあなたにとっておなじみのものになってきた。先週も、違うミーティングで、司会のマネジャーが違っても、同じように感じたからだ（コラム「クィアの人たちが帰属意識を持てる場所をつくる方法」を参照）。

「能力開発」とは、周りの人々の成長と進化のために意図的に投資をすることだ。公式なもの（トレーニングプログラムや企業内大学など）もあれば、非公式なもの（メンタリングやストレッチアサインメントなど）もある。ここまで読んだ人ならすでにおわかりだろうが、著者たちは、どちらのタイプにも価値があること、そして正しく投資をすれば人は光の速さで成長するということを心の底から信じている。

リーダーの中には「能力開発」というコンセプトを嫌う人もいる。彼らが好むのは「溺れるのがイヤなら泳げ」式のアプローチで、具体的には、「できるだけ優秀な人材を雇い、職務を明確にし、あとは本人にまかせれば、最高の人材が勝利する」ということだ。健全なメリトクラシーは能力開発の代わりなるという考え方が根拠になっていて、そしてあわよくば弱い人をはじいて強い人だけを残したいという思惑もある。

一見したところ、理にかなったアプローチのようだ。しかし実践の場では思ったほどうまくいかないことが多い。理由の1つは、意図したかどうかに関係なく、非公式の能力開発がつねに行われていることだ。そして、その能力開発をすべてのメンバーが平等に受けられるとはかぎらない。

泳ぎのうまい人はうまく立ち回れるかもしれないが、それ以外の人たちは誰にも助けてもらえない。さらに悪いことに、たいていの場合、チームの中で異質の人たちがプールの深い場所においやられてしまう。チームの多数派に属する人たちは、何気ない会話といった形で、本人は気づいていないにしても非公式のはしごをわたされているのだ。

たとえあなたが、「溺れるのがイヤなら泳げ」というアプローチを信奉していても（ちなみに著者たちは絶対に反対だ）、非公式の指導が誰かの不利益にならないように注意しなければならない。

COLUMN

クィアの人たちが帰属意識を持てる場所をつくる方法

先に結論を言おう。未来はクィアだ。それもかなりクィアだ。[*] ある推計によると、未来の職場ではヘテロセクシャルを自認する人が半分以下になり、そして個人のジェンダーは絶対不変ではないと考える人が3分の1以上になる（注18）。この未来に備え、クィアの人たちにとってより包摂的な職場環境を構築する方法を見ていこう。

1、勝手に決めつけない

ＬＧＢＴ＋の人は一見しただけではわからないこともある。それにあなたの観察眼も、自分で思うほど優れていないかもしれない。社内で噂の美女も、もしかしたら生まれたときは違う性別だったかもしれない。あるいはお堅い印象の財務部の男性は、家に帰ると同じくらいお堅い印象の夫が待っているのかもしれない。

2、物事は流動的だと心得る

人間はパターンを見つけて分類したがる生き物だ。そのため、どこに分類したらいい

＊著者たちは、本書の中でも普段の会話でも「クィア」と「ＬＧＢＴ＋」を同じ意味で使っている。

のかわからないものが目の前に現れるとすぐに不安になる。人間の脳は太古の昔から進化していない。原始時代は、正体不明の存在はそのまま身の危険に直結した。しかし今は現代なので、レッテルを貼れなくても不安にならないように、自分をリラックスさせる必要がある。

3、勉強する

職場のジェンダー問題はたしかに複雑だが、それを教えてくれる組織や機関はたくさんある。ジェンダーアイデンティティと性的指向の違いや、日々増えていくLGBT+関連の用語についてわかりやすく教えてもらえるだろう。知識レベルに関係なく、きちんと学びたいという人は、たとえばGLAAD、ヒューマン・ライツ・キャンペーン財団、ストーンウォールなどの組織が助けになる。

4、代名詞を尋ねる

新しい同僚は、自分にどの代名詞を使っているだろうか？　彼？　彼女？　彼ら？　業界や地域によっては、メールの署名で自分の代名詞を宣言する習慣が広がってきている（たとえば、「ベティ・ラブル　代名詞は彼女」というように）。この情報を含んでおけば会話がスムーズに進み、さらにすべてのジェンダーを尊重するという姿勢を示すこともできる。最低でも、自分の思った代名詞ではなくても違和感を持たないようにしよう。

5、プライバシーを尊重する

クィアの人々は周りから質問攻めにあいやすい。たしかに質問によって相手をよく知ることができれば、相互理解と尊重につながるかもしれないが、相手に失礼にならないように配慮は必要だ。「本当の名前は何ていうの?」や、「ベルトの下はどうなっているの?」といった質問は相手に対して失礼だ。質問を口に出す前に、相手を人として尊重するために本当にその情報が必要なのか、自分に尋ねるようにしよう。

6、個別のトイレを用意する

男性用と女性用に分けられた昔ながらの公衆トイレは、そのどちらにもぴったり当てはまらない人にとってはとても使いづらい場所だ。トイレで一緒になった人たちから変な目で見られたり、何か言われたりするために、1日に何度も「自分は違う」ということを意識させられる。この種のやり取りはトイレの中だけで起こるわけではないが、トイレの中は相手との距離が近く、さらにあまり人目につかない空間なので、苦痛が普段よりもさらに大きくなる。コストの問題もあるだろうが、もし予算的に可能なら、ぜひ個別のトイレを用意してもらいたい。

7、家族のあり方はひとつではないと心得る

クィアの家族に「典型」は存在しない。子どもがいるかもしれないし、いないかもしれない。子どもがいるなら、子どもができた方法を勝手に決めつけてはいけない。両親と疎遠になっているかもしれないし、あるいは両親から全面的にサポートされているかもしれない。真剣なパートナーがいるかもしれないし、いないかもしれない。真剣なパートナーがいるなら、結婚しているかもしれないし、していないかもしれない。また、「家族」といっても血のつながりはないかもしれない。クィアのコミュニティでは、自分で選んだ人を家族とする「選択家族」がより一般的だ。

8、クィアの従業員を先回りして支援する

レインボーフラッグを掲げる（クィアは必ず気づく）ことから、クィア従業員のリソースグループ（同じ特性をもつ従業員の集まり）をサポートすることまで、方法はいろいろある。著者たちが特におすすめしたいのは、オンラインでＬＧＢＴ＋啓発活動を行うセーフゾーン・プロジェクトが無料で提供する包摂トレーニングだ。特典のシールを職場に貼れば、それを見るたびに、ＬＧＢＴ＋の人たちがありのままの自分を出せる職場をつくるという目標を思い出すことができるだろう。（注19）

9、クィアのリーダーを積極的にプロモートする

クィアの人々が才能を発揮できる組織であることを明確にし、高い役職にあるＬＧＢＴ＋の社員の存在を積極的にプロモートする。アップルでピープル・リテール担当上級副社長を務めるディアドラ・オブライエンにとって、１９９０年代にカミングアウトしたことは、キャリアでもっとも難しく、同時にもっとも誇りに思っている決断の1つだ。「恐怖はあったけれど、それと同時に、アップルでの仕事に自分のすべてを出さなければいけないこともわかっていた」と彼女は言う。彼女は現在の役職について、「声の小さいメンバーのために毎日働くのは、大きな責任であり、特権でもある」と語る。（注20）

10、聞く

クィアの人たちが、安心でき、歓迎され、祝福され、大切にされる環境をつくるために自分にできることを、ＬＧＢＴ＋の同僚に直接尋ねる。会話のときは、率直さと謙虚さという魔法の組み合わせを忘れずに。

非公式の能力開発とは、具体的にどんなものなのか？　それはたとえば、重要なクライアントと一緒に仕事ができるような特別プロジェクトに抜擢することかもしれないし、あるいは幹部社員の戦略的な現地視察に同行させることかもしれない。ただなりゆきに任せていると、こういったチャンスが平等に分配されることはめったにない。

そこで必要なのは、非公式な能力開発をできるだけ意図的に、システマティックに行うことだ。マネジャーたちを教育し、能力開発の方法と、成功のために必要なサポートや情報を手に入れる方法を身につけてもらう。それに加えて、本当にチャンスが平等に行きわたっているか、客観的に評価することも必要だ。

そこで頼りになるのが、やはり公式の能力開発だ。非公式の能力開発でも一定の効果はあるが、どうしても物足りない結果に終わることが多い。成長著しい組織では特にそうだ。ここでもまた、ウーバーとの仕事で学んだ教訓を紹介しよう。組織が急激に変化するときは、非公式のサポートやメンターシップを行えるような余裕は存在しない。マネジャーの教育は特に後回しになってしまう。

起業して間もない会社は、人事への投資を怠る傾向がある。それはつまり、人材開発のしくみや価値について、自分が何を知らないのかわかっていないということだ。そんなときに公式の能力開発プログラムがあれば、この問題を解決することができる。

それに近年は、コストや時間をかけなくてもできるような方法も増えてきているので、仕事の支障になることもない。

ステップ3　厳密で透明なシステムを通して最高の人材を昇進させる

誰が見ても昇進に値する人が昇進しているのであれば、そのシステムは機能していると言える。そのために必要なものはいろいろあるが、**昇進の条件に完全な透明性を担保する**こともその1つだ。

候補者にとっても、昇進を決める人にとっても、完全に透明なプロセスでなければならない。次のレベルに行くために必要な条件を、すべての人が明確に知っている必要がある。

この基準が不明瞭になると、大きな問題につながる。人事に主観をはさむ余地が生まれ、本当に昇進するべき人が昇進できないという事態になってしまうかもしれない。彼らの不満は、やがて組織の足かせになるだろう。

基本的に、優秀な人は結果を出すことを重視する。彼らが「昇進」という結果を目指すようになれば、本当に必要な業務がおろそかになりかねない。それに加えて、女性やピープル・オブ・カラーなどマイノリティに属する従業員は、人事のプロセスに懐疑的になるだろう。結局はコネで決まり、自分たちはないがしろにされていると考える。このシナリオを避けるには、昇進の基準を明確にして、それを全社に徹底させればいい。

それに加えて、昇進する人のパターンを注視することも重要だ。どこかにデモグラフィックの偏りはないだろうか？　健全な組織であれば従業員の個人データを適切に保護しようとするので、必要なデータがすぐに手に入らないこともある。個人データの保護はたしかに大切だが、それが進歩の足かせにもなるということは注意しなければならない。個人にきちんと配慮してデータを安全に扱うことは大切だが、進歩への強い決意も忘れてはいけない。

昇進の基準に何らかの疑問があっても、もしかしたら自分の思い込みや勘違いかもしれないという謙虚な気持ちも必要だ。著者たちがハーバード・ビジネススクールでジェンダー平等に取り組み始めた当時、昇進する男性教員の数は女性教員の2倍だった。この現象の理由について先輩の教員たちに尋ねてみたところ、主に2つの仮説が浮かび上がってきた。1つは大学側に構造的な偏見があるという仮説、そしてもう1つは、昇進にふさわしい人がたまたま男性のほうが多かったという仮説だ。

自分たちの考えはとりあえず脇に置いておき、著者たちはどちらの仮説が正しいのか調査を開始し、とりあえず過去15年分の候補者の履歴書を集めた。その当時、著者たちは勤続15年だったので、15年分にすれば候補者が個人的に知っている人だけになるからだ。すると、性別と昇進にふさわしい資格との関係が1つ明らかになった。全体で見ると、一流専門誌に掲載された論文の数は、女性よりも男性のほうが多いのだ。

著者たちはさらに調査を進めた。ここで使ったのは、根本的な原因を分析する「5つのなぜ」という手法だ。なぜ女性の一流学者は、男性の同僚に比べて発表した論文の本数が少ないのだろう？　なぜこの才能ある女性たちは、同じレベルの男性に比べて学問的な生産性が低いのか？

その結果、意外な傾向が浮かび上がってきた。

全般的に、女性は論文の草稿を寝かせておく期間が長くなる。たいてい1年かそれ以上たってから出版社に送っているのだ。女性たちが完璧を目指して草稿に磨きをかけている間に、男性たちは完成しないうちからどんどん提出している。そして批判的なフィードバックを受け取り、内容に反映させ、全体として出版までの期間を短くしているのだ。男性は完璧主義にとらわれることなく、フィードバックと向上のサイクルをうまく活用している。

そこで著者たちは、「女性学者はもっと早く論文を送ろう」というキャンペーンを始めた。まだ「完璧」でなくてもかまわない。すると、効果はすぐに現れた。発表される論文の数が男女で同じくらいになったのだ。

正しい因果関係がわかれば、正しい問題に取り組むことができる。たとえば、大学側の偏見がすべての原因だと決めつけ、隠れた偏見をなくすトレーニングを全教職員に課していたら、おそらく問題を解決することはできなかっただろう（しかも、教職員の間に不要な混乱や恨みを生んでいた可能性も高い）。（コラム「360度評価があてにならない理由」を参照）。

包摂へのコミットメント、そしてより広くエンパワメント・リーダーシップ全体へのコミ

ットメントを、昇進の基準にするという方法もある。キャスリーン・ホーガンは、マイクロソフトのチーフ・ピープル・オフィサー（最高人材開発責任者）としてまさにそれを行った。CEOのサティア・ナデラと共にマイクロソフトの文化を一変させたのだ（この物語については「文化」の章でまた詳しく見ていこう）。

ホーガンが経営幹部に加わったとき、昇進は基本的に個人の業績で決まっていた。人事評価のシステムが大幅に刷新されてからは、個人の業績という基準もまだ残っていたが、他者の成功にどれくらい貢献したかということが同じくらい重視されるようになった。

復活を遂げたマイクロソフトは、それからも包摂を「絶対に間違えてはいけない3つの優先事項」の1つに掲げている。ホーガンは、すべての人事評価で「包摂」を主要な評価基準にした（注21）。マイクロソフトでこのような変化が可能になったのは、CEOのナデラを筆頭に、全社を挙げて包摂の実現に取り組んだからだ。それに加えて、リーダーたちの考え方も変化した。すべての従業員が平等に帰属を経験できるようにすることが、自分たちリーダーに課された責任だと自覚するようになった。

COLUMN

３６０度評価があてにならない理由

今から数年前、著者たちはある政府機関と一緒に仕事をしたことがある。彼らの悩みは、優秀な女性を雇っても、ある一定のレベルで昇進が止まってしまうということだった。彼女たちはみな、どんなに優秀でもある時点で必ず頭打ちになる。その理由は誰にもわからなかった。

著者たちは経験から、このような状況でするべき質問がわかっている。それは、「３６０度評価か、その他の匿名の意見を活用する評価方法を使っていますか？」だ。

３６０度評価は広く浸透しているが、対象が男性か女性かで周りの態度が変わるという問題がある。女性が管理職の場合は特にその傾向が強い。たとえば、同レベルの能力を持つ男性マネジャーと女性マネジャーの評価を比較すると、女性なら厳しく批判されるが、それと同じことを男性がやっても許されるか、あるいはむしろ称賛されることさえあるということがわかる。

このパターンが生まれる原因を簡単に説明すると、人は相手が女性だとより批判的になるということだ。匿名で批判できるときは、特にその傾向が強くなる（インターネットがいい例だ）。

ＭＢＡの学生を対象にしたある有名な実験がある。シリコンバレーの起業家で、強烈な個性の持ち主として知られるハイディ・ロイゼンと、彼女とまったく同じ経歴で、名前だけ「ハワード」に変えた人物の資料を学生にわたし、「あなたがベンチャーキャピタル会社の経営者だとしたら、この人物を雇いますか?」と尋ねる(注22)。どちらの資料をわたされるかはクラスによって違う。

ハイディの資料とハワードの資料で、違うのは名前と性別だけだ。それ以外はまったく同じ内容で、「攻撃的」、「独立独歩」、「業界のキャプテン」といった描写がどちらの資料にも登場する。全般的に、学生たちはハイディよりもハワードのほうをはるかに高く評価した。まったく同じ資質であっても、ハワードの場合は「能力が高い」などと好意的に評価され、ハイディの場合は、「好ましくない」、「採用するのはリスクが高い」などと評価される。

背景にあるのは、深く根づいたジェンダーに関する偏見だが、ここでは詳しい説明はしない。ただ著者たちが言いたいのは、匿名の評価システムの利用は最小限に抑えたほうがいいということだ。そしてもし使うなら、匿名になると人間の醜い部分が出るという事実をきちんと織り込んでおくこと。

長所や弱点に関する社員同士の評価をどうしても知りたいというのなら、まず正しい評価を行うためのトレーニングを行い、生産的で偏見のない評価ができるようにしておくべきだ。同僚を評価するときに、エゴやノイズを完全に排除するのはとても難しい。

そんなことに社員を軽々しく巻き込んではいけないのだが、３６０度評価はまさにそれを行っているのだ（このリスクを軽減するもう１つの方法は、データの収集と分析を優秀なまとめ役に任せることだ。私情をはさまず、文脈を理解できる人が望ましい）。

また、他者へのフィードバックを評価の一部にするという方法もある。たとえば、全員に同じフィードバックを与えている人は、フィードバックのスキルが低いという評価になる。フィードバックに違いがあっても、内容が恣意的であったり報復的であったりするなら、それもやはりフィードバックのスキルが低いということになる。

高く評価されるフィードバックとは、思慮深く、エビデンスに基づき、自分の感情に自覚的で、組織の文脈への配慮があるものだ。そういったフィードバックができる人は、おそらく昇進にも値するだろう。ここで大切なのは、他人の評価も１つのスキルであり、スキルはスキルとして扱わなければならないということだ。適切な訓練を受けていない社員に軽々しくやらせていいものではない。

３６０度評価では、ほぼ必ずと言っていいほど、まったく新しい事実が出現するというパターンもある。ここでもまた、特に女性の場合にその傾向が強い。このカーブボールはいきなり投げられる。それまでまったく話題にならなかったような欠点を責められても、発言者が誰だかわからないので、相手の話を聞くことも、こちらの事情を説明することもできない。

第3章でも見たように、フィードバックを与えるときは建設的な内容でなければならず、与え方と受け取り方にも気を配るべきだ。しかし、このいきなりカーブボールを投げるようなフィードバックは、そのすべてに違反している。生産的なアドバイスを正しく活用するには、お互いの信頼が絶対に欠かせない。匿名のアドバイスに信頼関係は存在せず、発言者は説明責任をまったく負っていない。その結果、フィードバックがむしろ害になる可能性を高めることになる。

冒頭の政府機関の話に戻ろう。彼らはまさに、全員が評価に参加する360度評価を採用し、さらにその結果を重視して昇進を決めていた。そこで著者たちはある実験を行うことにした。まず幹部職員に、同じような能力と実績のある職員のリストをつくってもらう。個人的に同等だと思うだけでなく、組織全体からも同等だと思われているはずの人たちだ。次に、リストの人たちを対象に360度評価を実施し、男性と女性で評価がどう違うかを比較する。

幹部職員たちは結果にショックを受けた。ここでもまたハイディとハワードだ。事情をまったく知らない外部の人がこれらの評価を読んだら、同等の能力と実績のある人たちだとはまったく思わないだろう。しかも、昇進は他部署への異動をともなうことがほとんどなので、３６０度評価を読むのは実際に外部の人間だ。この実験の結果を受けて、彼らは人事評価で匿名のフィードバックを使わないことに決めた。

あなたにも同じことをおすすめする。

ステップ4　最高の人材を維持する

優秀な人を雇い、能力を開発し、ふさわしい人を昇進させることができたら、次のステップは彼らを維持することだ。現代の人材マーケットを考えると、これはかなり難しい挑戦になることが多い。

解決策は、従業員を維持する権利を勝ち取ること。これは毎日欠かさず行わなければならない課題だ。そのためには、パラノイアになることを提案したい。つまり、世界中が自分の敵になったような妄想を抱けということだ（まだついてきているだろうか？）。

たとえば、あなたがせっかく確立した人材開発のシステムを、ライバル会社がちゃっかり利用しようと狙っていると想定する。あなたのところで育てられた優秀な人材を盗もうとしているということだ。もっとも優秀な従業員は、毎週のようにヘッドハンターから電話を受けている。もしかしたら毎日かもしれない（著者たちの経験から言えば、アフリカ系のソフトウェア・エンジニアは、平均して毎日リクルーターから電話を受けている）。

そのうちの数人が、もしかしたら転職に興味を持っているかもしれない。あるいは、仕事にやりがいがない、適切に評価されていない、給料が少ない、感謝されていないと感じているかもしれない。彼らが今日、すばらしい条件のオファーを受け、今まさに家族と相談しているところだと想像してみよう。

あなたが最高の環境を整えていれば、従業員たちは、ヘッドハンターからの電話など出る気にもならないだろう。その状態をつくり出すのが、あなたに課された使命だ。具体的にどんな環境にするかは組織によって異なるだろうが、基本はどこでも同じだ。偏見のない広い心で、すべての人が能力を開花させられるように気を配る。

中でももっとも貢献が大きい人たちには特別な配慮が必要だ。著者たちがクライアントの企業と仕事をするときは、まず役職の高い女性とピープル・オブ・カラーの人たちと一対一で座り、**「あなたのような優秀な人たちを維持するために、この会社は何をする必要があると思いますか？」**と尋ねるようにしている。

その答えは、会社の上層部を驚かせることが多い。著者たちが見たところ、わかりやすい問題の1つは、「違う」グループに属する人たちに「代表税」を課すことだろう。

彼らのような人たちは、会社の多様性を外に向かって証明するために、採用の面接や、重要なクライアントの接待などに駆り出されることが多い。それはつまり、彼らに職務以外の仕事を多くやらせているということだ。多数派に属する同僚は、そのような重荷を背負わされることはない。

著者たちの友人で、エンデバー最高マーケティング責任者のボゾマ・セント・ジョンはこう言っている。「黒人の女性だからといって、なぜ私がすべての問題を解決しなければいけないの？　私の同類より、あなたたちの同類のほうがはるかにたくさんいるじゃない。私たちにはもっと助けが必要なの」。

もう1つ忘れてはならないのは、たとえ高い地位に上り詰めても、それだけで「違う」人たちが受ける理不尽な扱いが一切なくなるわけではないということだ。

地位の高さは、周りの無知や偏見から身を守る鎧にはなってくれない。ガラスの天井を打ち破るときについた傷を癒やしてくれるわけでもない。昇進したからといって、それまでに受けた傷がすべてなくなるわけではない。角部屋の立派なオフィスを与え、シャンパンを贈っても、あなたの仕事はそこで終わりではないのだ。

何か問題が起こるまで待つのではなく、自分から率先してステップ1から3を実行しよう。楽しみながら、完璧な仕事をする。優秀な人材を引き寄せ、彼らにやりがいのある仕事を与える。会社の未来を賭けるつもりで彼らに投資する。彼らが昇進に値する働きをしたなら、適切なタイミングで昇進させること。彼らを待たせてはいけない。あなたがリーダーでいるかぎり、彼らが正当な役職や報酬を手に入れるために他の会社に行くようなことがあってはならない。

そして何よりも大切なのは、彼らの仕事にふさわしい報酬を払うことだ。働く女性にとってもっとも腹が立つ経験の1つは、同じ仕事をしている男性の同僚が自分よりたくさん稼いでいるのを知ることだ。著者たちも、優秀で勤勉な女性が、同じチームで自分より役職の低い男性のほうが稼いでいることを知り、やる気を失っていくようすを何度も見てきた。特にテック業界はこういうことがよくある。

最近注目を集めているのは、プロの女子サッカーと男子サッカーの報酬格差の問題だ。2019年3月、女子サッカーのアメリカ代表チームがアメリカサッカー連盟（USSF）を男女差別で訴えた。女子チームは、タイトル数やリーグの収入への貢献といった主な指標で男子チームよりも高い実績を残しているのに、男子チームよりも報酬が低く、受けられるサポートも少ないからだ。（注23）

これはUSSFにとって勝ち目のない闘いだ。それは、ミーガン・ラピノーのようなスター選手がこの運動の先頭に立ち、人々の支持を勝ち取って効果的に変化を起こすことに貢献しているからでもある。2019年、ラピノーら女子代表チームがワールドカップで4度目のタイトルを獲得すると、スタジアムの客席からは自然と「イークワル・ペイ！　イークワル・ペイ！」（「同一労働同一賃金」の意）というチャントがわき起こった。

要するにこういうことだ。ただ当然の報酬を得るためだけに、女性たちに余計な労力を使わせてはいけない。同じ仕事をしている人には、同じ報酬を与えること。ジェンダーアイデンティティや、その他の「周りとは違う」特徴は関係ない。そして彼らがさらにいい働きをしたら、それを認めて正当に報いなければならない。

「過去の過ち」と正直に向き合う

包摂への旅の途中で、どうしても組織の過去と向き合わざるをえなくなる。これは、過去の過ちを正し、その反省をよりよい未来に生かすために必要なことだ。

2014年、ハーバード・ビジネススクール学長のニティン・ノーリアは、大勢の卒業生を前にしたスピーチで、過去の同校における女性の扱いを謝罪した。著者たちは残念ながらその場にはいなかったが、さまざまな報告によると、女性たちが学校から「軽視され、疎外され、愛されていない」(注24)と感じていたとノーリアが発言すると、聴衆はしんと静まりかえり、ほとんど息もしていなかったという。「わが校のあなた方に対する態度は間違っていました」と、彼はきっぱり宣言した。「そして私は、それを改善するとお約束します」。

ノーリアのスピーチは、卒業生ネットワークでまたたく間に広がっていった。著者たち個人にとっても、彼の言葉は大きな意味を持つ。

自分が軽視されている、疎外されている、価値を認められていないと感じるような環境で働いていると、自分の一部がおかしくなったように感じる。何が本当で、何が本当ではないのかがよくわからなくなり、どんなに抑えつけてもネガティブな感情がわき上がってくる。誰かがそのような経験をするのは「許容できないこと」であると宣言すれば、組織の基盤強化と再生に向けて力強いメッセージになるだろう。

組織がつらい過去から立ち直る方法について尋ねられると、著者たちはよくノーリアの勇気ある言葉を紹介している。

著者たちの経験から言えば、**リーダーは、前向きに、かつ正直に、組織の過去と向き合わなければならない**。前向きな姿勢とは、よりよい未来を信じ、謙虚な気持ちで組織の問題を認識することだ。さらに本書の内容を活用して、実際に問題を解決しなければならない。そして正直な姿勢とは、過去の過ちと、それによって損害を受けた人々の苦しみを全面的に認め、責任を取ることだ。

ほとんどの組織では、特定の個人に、その行動や、行動しなかったことの責任を取らせることも、正直な姿勢に含まれるだろう。著者たちもよく言っているように、組織を変えれば、たしかに善良な人間の悪い行いを正すことならできるが、悪い人間の悪い行いを正すことはできない。

有毒性、差別、不品行が常習となっている従業員は、組織の改善でどうにかできるものではない。あなたにできるのは、彼らを組織から切り離すことだけだ。人は変わるという可能性を完全に否定するわけではないが、彼らがいることによる代償があまりにも大きいのであれば、あなたが彼らの成長を見届ける必要はない。他者の人間性を否定するのであれば、最低でもその人たちのそばにいる権利を失うという代償は払うべきだ。

もちろん、チームを去る人間を決めるプロセスは、公正で、完全に透明でなければならない。それに加えて、プロセスが出す結果に組織全体が信頼を置いている必要もある。**ただ断罪するだけの正義は誰も幸せにしない。**

もう1つ、念のためにつけ加えておきたいことがある。著者たちは許しと贖罪(しょくざい)の価値を信じている。多くの状況で、これらも正当な選択肢になるはずだ。

著者たちの経験から言えば、失敗が許され、そこから学ぶチャンスが存在する組織は、大きく飛躍する可能性を秘めている。「許しの文化」が組織のエコシステムに新しい力を吹き込み、謙虚な姿勢と組織へのコミットメントが従業員の間に広がっていく。真の帰属を最速で達成するのはこういった組織であり、その過程で人々は深い癒やしを経験する(コラム「ライアットゲームズの再生の物語」を参照)。

COLUMN

ライアットゲームズの再生物語

第6章でも詳しく見ていくが、ライアットゲームズはコンピューターゲームの開発・販売企業のスタートアップとして急成長を遂げる一方で、多様性への対応を失敗して苦い思いも経験している。ニコロ・ローレンCEOのリーダーシップの下、ライアットゲームズは、包摂を文化的価値と戦略的ビジョンの中心に据えるようになった。ローレンは、会社がそこにいたるまでの道のりをふり返り、帰属と会社の規模拡大の関係について、自分の考え方に革命が起きたと言う。

ローレンは著者たちにこう語った。「包摂は成長と並行して起こるものではない。むしろ成長の基盤だ。包摂があるからこそ、持続的な成長が可能になる」。

著者たちは、このような「礼節主義」とも呼べる姿勢の価値を信じている。そしてローレンは、礼節主義が組織を癒やすということを実際に証明してくれた。会社の贖罪の旅の過程で、ローレンは大きな痛みを経験した人たちに敬意を示した。苦情を積極的に募り、訴えがあれば徹底的に調査する。そして、たとえ相手が幹部社員であっても、それが正当であるなら罰として解雇することもいとわない。

しかしローレンは、ただ厳しく対応しただけではない。彼の重要な決断の1つは、COOのスコット・ゲルブを支持したことだ。ゲルブは創業時から働くテクノロジー面のリーダーだが、男性の同僚に対してプロ意識に欠けた冗談を言い、包摂的な環境の構築を妨げたという理由で公に批判されていた。

会社には個別のケースについて公に語らないという決まりがあったが、ローレンはゲルブを例外として扱った。ゲルブが影響力の大きい幹部社員であることを考慮し、さらに彼をめぐる間違った噂に対処する必要があると考えたからだ。外部の法律事務所と、取締役会の特別委員会がゲルブの件を調査した結果、ゲルブは2カ月の無給休暇を与えられ、思いやりや配慮についてのトレーニングを受けることになった。

ゲルブの休暇が始まる直前、ローレンは全社員にメールを出した。ライアットゲームズをすべての人が才能を発揮できる場所にするために、ゲルブが真剣に努力していることを伝えるためだ。メールの終わりで、ローレンはこう書いている。「私は彼を応援する。この旅の間、彼の支えになるつもりだ。そして彼が戻ってきたら、偉大なリーダーとして彼を迎え入れたい。(中略)皆さんにも同じことを期待している」。

共に成長へ向かう「礼節」の精神

ゲルブの物語は、公になっている物語とは違うところもある。実際、ゲルブは多様なチームを効果的に率いるという実績をあげていた。ライアットゲームズでも、それ以前の職場でもそうだ。包摂を目指す会社の努力を陰で支える存在であり、「アウトサイダー」への理解もあった。彼自身、中西部で育った子ども時代に、疎外されるという経験をしたからだ。「背が低くてやせっぽちのユダヤ人で、（中略）コンピューターとゲームが大好きなオタクだった。80年代当時は、コンピューターもゲームも完全な時間の無駄だと考えられていた」と本人は語る。

それでもゲルブは、そのような背景があるからといって、それが必ずしも深い理解につながるわけではないということはわかっていた。ライアットゲームズには文化の問題があり、自分もまたその問題に加担してしまったかもしれない。彼は著者たちに語った。「人生でもっとも大きな衝撃を受けた経験の1つは、ライアットの社員から、経営陣は包摂の実現で期待に応えていないと直接言われたことだ。完璧な仕事はできていないとわかっていたが、そこまでひどいとは思っていなかった」。

それからの12カ月で、ゲルブはリーダーとして成長するために努力した。自分を客観的に観察し、行動や選択のパターンを自覚した。特に力を入れたのは、より包摂的で、オーセンティックなリーダーになることだ。それも、ときどきそうなるのではなく、いつもそうでなければならない。

1年後、ゲルブはライアットゲームズで大活躍していた。巧みに職務を遂行し、会社のゲームを大きく成長させていた。それに加えて、ライアットで包摂という課題をもっとも効果的に推進できるリーダーの1人にもなっていた。

ライアットの新しい最高多様性責任者に就任したアンジェラ・ローズボロは、ライアットを業界で最高の帰属を達成した企業にするという彼女の仕事で、ゲルブはもっとも頼りになる仲間の1人になってくれたと言っている。

ゲルブの物語で大切なのは、ローレンやその他のライアット社員が、難しい時期であってもゲルブの味方になって支えたことだ。ゲルブが過去にメンターになったり、上司だったりした女性社員の多くが、今では幹部になっている。彼女たちを含めた同僚たちも、ゲルブの支持に回り、ゲルブの分け隔てない指導のおかげでプロとして成長できたと証言した。他には、ミーティングの後で廊下を歩いているときにこっそり話しかけ、彼に対して間違った思い込みをしていたことを謝った人もいた。

ゲルブにとってこれらの出来事は、あの成長を目指した1年の中で、もっとも鮮明で感動的な記憶として残っている。その結果彼は、包摂をライアットゲームズの大切な文化の1つにするという決意をますます強くした。その未来は、もう手の届くところまで来ている。ここまで到達することができたのは、ライアットもゲルブも、謙虚な心を持ち、お互いの弱さを認め、共に成長していこうと努力したからだ。この姿勢を一言で表現するなら「礼節」となるだろう。

黒人の働く母親が活躍する職場

著者たちがこの仕事を始めたときは、「女性が働きやすい職場にすれば、すべての人が働きやすい職場になります」という説明をよく使っていた。時の経過とともにこの説明はますます簡潔なり、「黒人女性にとって働きやすい職場にしましょう」という表現に進化した。「黒人女性」は、2つ以上の「違う」属性を持つ人の象徴だ。

さらに最近になって、シェリル・サンドバーグから、「黒人の働く母親にとって働きやすい職場のほうがいいんじゃない？」と提案してもらった。黒人の働く母親が他の社員と同じように活躍できる職場なら、あなたはリーダーとして正しい仕事をしているということだ。

しかし、まだその状態にはほど遠いからといって絶望することはない。完全な包摂を阻む力はとても強く、どうしても気持ちが挫けてしまうこともある。それに、みんなに監視されているようなこの現代社会で、何か間違ったことをしてしまったときのダメージは計り知れない。

著者たちの経験から言えば、この不安や無力感を打ち消す方法は、包摂は喫緊の課題であり、しかも達成可能だと心の底から信じることだ。前に進もうとする意志にはとてつもないパワーがある。不安と無力感を、楽観主義と進歩に置き換えることができれば、あなたの魅力に抵抗できる組織はほとんどないだろう。

さあ次は、リーダーとしてもっとも大きな飛躍を経験してもらうことになる。それは、**存在から不在への飛躍**だ。

帰属を確立するのはリーダーにとって欠かせない仕事であり、信頼や愛と同じように、一般的にはリーダーがその場にいることが求められる。次の章からは、自分がいない場面でのリーダーシップについて見ていこう。正しいツールを使えば、不在の状態でも他者の才能を解き放つことができる。

現状分析

自分を知るための質問

☑あなたの組織でもっとも活躍しているのはどんな人だろう？　パフォーマンスやエンゲージメントで、デモグラフィックによる一定のパターンはあるだろうか？　昇進しやすい人、組織に残りやすい人のパターンはあるだろうか？

☑すべての従業員がありのままの自分を見せ、持てる能力のすべてを発揮して貢献できると感じていたら、あなたの会社はどのような利益を受けるだろう？

☑「違う」属性を持つ人たちがあなたの組織の従業員として感じていることを一言で表すと、「安全」、「歓迎されている」、「祝福されている」、「大切にされている」のうち、どれがもっとも当てはまるだろう？　包摂のダイヤルに沿ってチームを動かすために、今すぐにできることは何だろう？

☑包摂と帰属の目標を達成するために、誰のサポートや承認、参加が必要だろう？　包摂は喫緊の課題であり、達成は可能だということを、誰に納得してもらう必要があるだろう？

☑目標への道の妨げになりそうなものは何だろう？　その障害をどうやって乗り越えるか？

第 2 部

不在のリーダーシップ

第1部では、自分がその場にいる状況で他者をエンパワーする方法について見てきた。この第2部では、**著者たちが定義するリーダーシップの2つ目の側面**について見ていく。**それは、自分のいない状況でも影響力を維持することだ。**

著者たちの考えでは、リーダーシップの旅はここからがもっともおもしろくなる。この領域に到達すれば、組織全体の規模にとどまらず、組織の枠組みを超えて人々の人生を変えたり、行動を加速させたりできるようになる。そして、「リーダーシップの主役はあなたではない」という言葉が、本当に文字通りの意味を持つのもここからだ。実際にあなたはその場にいないのだから。

少し詳しく説明しよう。本書ではここまで、自分と同じ部屋にいる個人やチームを率いる方法について考えてきた。物理的に同じ部屋でなくても、同じオフィスや、同じデジタルスペースにはいる状態だ。あなたとチームは、信頼、愛、帰属という通貨をやり取りして、エンパワメント・リーダーシップを実践している。リーダーが正しく行動すれば、チームのパフォーマンスは図1-1（27ページ）のようになるはずだ。あなたが存在することで、他者の才能がだんだんと解き放たれていく。

しかし、あなたがその場にいなくなったらどうなるだろう？　たいていの組織では、リーダーがいなくなると（たとえ一時的であっても）、他者のパフォーマンスは停滞する。低下す

図A　延長されたリーダーシップ・パフォーマンス曲線

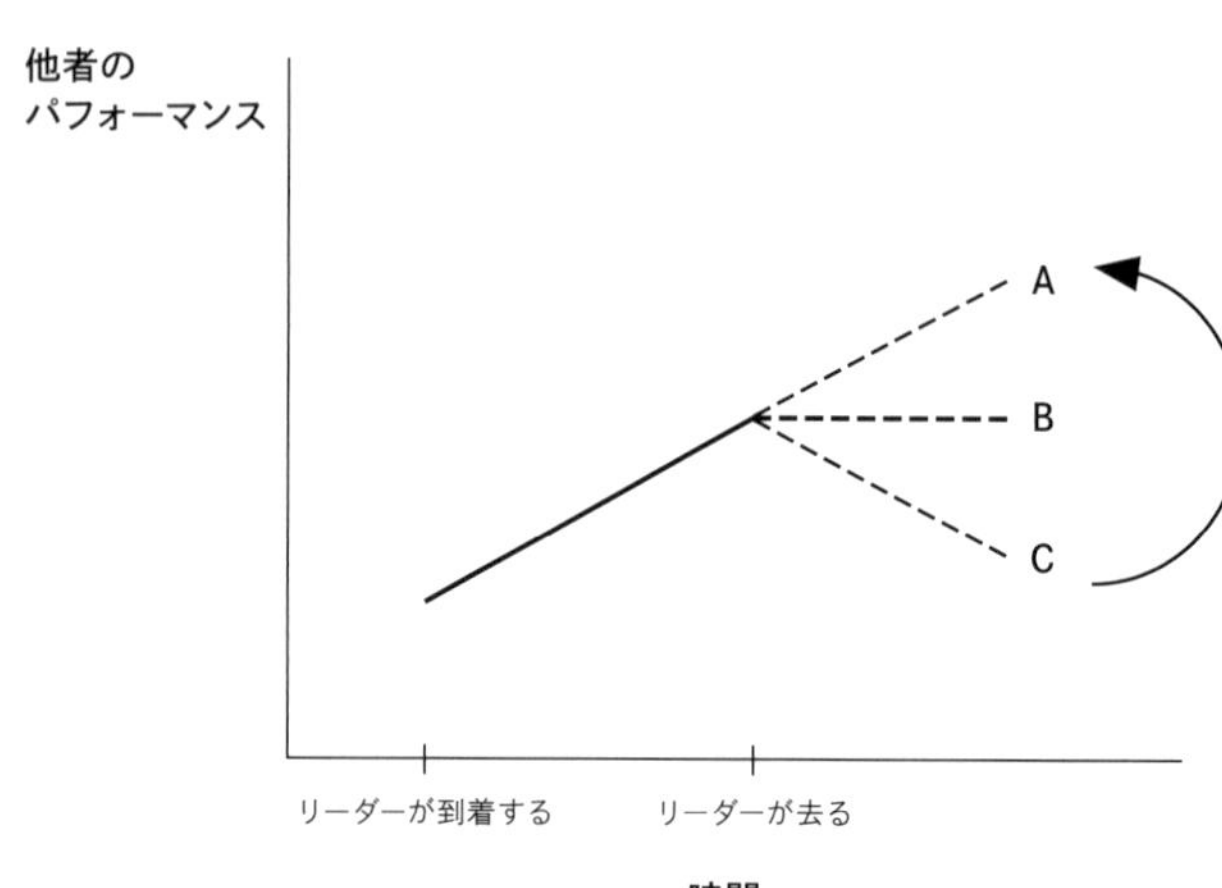

ることさえあるかもしれない。これはリーダーの存在価値を証明しているともいえるが（リーダーのエゴも満足だ）、その一方で、リーダーの影響力が日々接する人たちだけに限られているということでもある。

組織全体を率いているのであれば、つねにすべての人と顔を合わせていることは不可能だ。少なくとも従業員にとっては、あなたはたいていどこか別の場所にいる。ほとんどの従業員が、あなたのいない場所で決断を下しているということだ。

自分がいないときも彼らの才能を解き放つには、また別のリーダーシップのツールが必要になる。

ここでのいいニュースは、あなたにはその場にいなくても操作できる2本のとても強力なレバーがあるということだ。それは、**「戦略」と「文化」**という見えない力だ。この2本のレバーは、組織を形づくり、多くの人々をエンパワーすることができる。あなたがその場にいるかどうかは関係ない。[a]その結果、もっとも成功しているリーダーは、正しい戦略と文化の確立に多大な時間を費やすことになる。そしてこの2つを、組織の隅々まで浸透させようとする。

戦略と文化を有効に使えば、自分がいる場所に関係なく、組織のすべての人に影響を及ぼすことができる。図Aを見てみよう。「リーダーシップ・パフォーマンス曲線」は、たいていリーダーがその場にいなくなると停滞（B）、あるいは低下（C）するが、戦略と文化があればAが可能になる。つまり、リーダーがいなくても従業員のパフォーマンスが向上するということだ。

「A」のリーダーは、自分が部屋を去ってからも影響力を行使することができる。その力は、数日、数年、あるいは数十年も続くことがある。彼らの下で働く人たちは、たとえ母艦

(a) ピーター・ドラッカーは、「戦略」と「文化」のどちらがより強力かという議論で、「文化は戦略を朝食にする」と言ったとされている。実践の場では、この両者の闘いで勝つのはたいてい文化だ。しかしそれは、戦略をすべての従業員が理解できる形で説明することがめったにないからでもある。好むと好まざるとに関わらず、文化には言葉を超えた力がある。仕草やニュアンスで人々に強力なメッセージを送ることができる。一方で戦略は、たいていは少数の幹部の頭の中にしか存在しない。あるいは、年に一度しか見ないような戦略プランの中に埋もれている。率直に言って、これはフェアな闘いではない。

を遠く離れても、世界の中で大きく花開く。これを達成できるかどうかが、まさにエンパワメント・リーダーシップの試金石だ。次の2つの章で具体的な方法を詳しく見ていこう。

第5章 戦略──組織の隅々まで浸透させるリーダーシップ

自力で価値を創造し、獲得する方法を示すとき、あなたは組織をエンパワーする。

不在のリーダーシップでまず必要になるのは戦略だ。正しい戦略を立てれば、リーダー不在の状況でも、従業員が時間、労力、資本といったリソースを適切に配分することができるので、組織全体のエンパワーにつながる。この規模のリーダーシップを実現するには、まず従業員が戦略をよく理解し、正しい決断を下せるようになることが必要だ。

著者たちの経験から言えば、幹部社員より下のレベルまで戦略が正しく伝わらず、混乱を来(きた)している会社があまりにも多すぎる。言い換えると、戦略によってどの程度まで自由裁量の行動が可能になるかは、戦略をどこまで効果的に伝えられるかによって決まるということだ。この章では、戦略を効果的に伝え、この不必要な限界を取り払う方法について見ていこう。

まず必要なのは、正しい戦略を立てることだ。そこでこの章のはじめでは、正しい戦略を立てるための枠組みについて考える。顧客やサプライヤーを喜ばせ、株主にも従業員にも健全なリターンをもたらすような戦略だ。著者たちは、「価値に基づいた戦略」という言葉が好きだ。この言葉には、価値が創造される場所を大切にする姿勢が現れている。

その一方で、戦略は単なる実務的な決断の連続だという考え方には反対したい。戦略はリーダーとしてのあなたの直接的な延長線上にあると、著者たちは信じている。戦略によって、あなた自身の価値観や信念が組織の行動に埋め込まれる。戦略によって、あなたという人間が組織の隅々にまで浸透する。その中には、あなたがまったく訪れないような場所もあるだろう。

ここではあなたに、自分のスーパーパワーを使って他者の才能を解き放つという課題を与えたい。他者とは誰かというと、すべての人だ。

サウスウエスト航空の「型破り」の戦略

戦略のもっとも基本的な役割は、組織が勝つ方法を描写することだ。具体的な中身は業界によって異なるが、一般的にカギとなる要素は、顧客、ライバル企業、サプライヤー、そしてその決断が会社に大きな影響を与える外部のステークホルダーだ（注1）。しかし著者たちは、この一般通念に異議を申し立て、従業員もこのリストに入れるべきだと主張したい。その理由については本章の後半で見ていこう。

戦略家としてのあなたが最初にやる仕事は、顧客がいちばん重視する事柄でライバル企業の上を行くことだ。単純なことだと思うかもしれないが、この話には裏がある。ほとんどのケースで、ライバル企業よりも劣った存在になるという選択も必要になるからだ。理想を言えば、顧客にとって重要ではない事柄で劣った存在になるのが望ましい。

著者たちは10年にわたってサービス業を研究し、そこからある大切なことを学んだ（それについて本も書いている）。それは、ライバルより劣った面を持つことを拒否し、すべての面で最高であろうとする企業は、しばしば「疲弊した凡庸（ぼんよう）」の状態に陥るということだ（注2）。あなたにも身に覚えはないだろうか？

これを別の角度から見てみよう。不在のリーダーにとって中心的な役割の1つは、リーダーが監視していなくても、従業員たちが各自の支配下にあるリソースを適切に活用できる状況を整えることだ。リソースを平等に配分するというのも1つの選択肢だろう。

しかしリーダーであるあなたは、より戦略的なリソースの配分ができるような状況をつくるべきだ。特に大切なのは、重要度が低い分野への投資を減らし、余ったリソースをもっとも重要な分野に振り分けること。著者たちはこの戦略を、「偉大になるために苦手分野を持

図5-1　サウスウエスト航空(SWA)の特性マップ

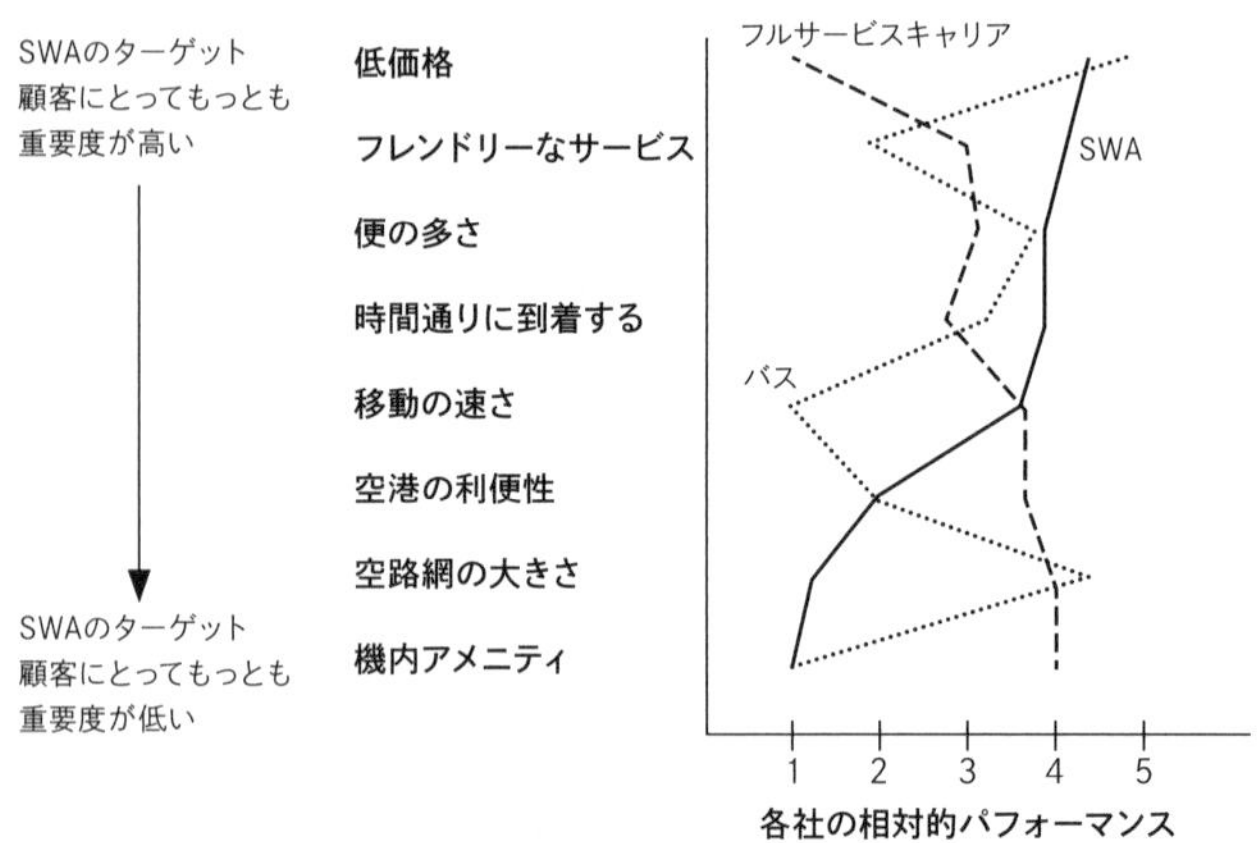

出典：Frances Frei and Anne Morris, *Uncommon Service : How to Win by Putting Customers at the Core of Your Business* (Harvard Business Review Press, 2012)
(『ハーバード・ビジネススクールが教える顧客サービス戦略』日経BP)

つ」と呼んでいる。

この戦略を得意としていたのが、型破りのリーダーとして知られる故ハーブ・ケレハーだ。ケレハーはサウスウエスト航空の共同創業者兼CEOだ。顧客が不幸にしてお金を失うのが当たり前の航空業界にあって、サウスウエストは今でも例外的な存在であり続けている。

図5－1のグラフを見てもらいたい。縦軸は顧客が航空会社に求める特性で、上からサウスウエストの顧客にとって重要な順に並んでいる。著者たちはわかりやすいように、この種のグラフを「特性マップ」と呼んでいる（注3）。サウスウエスト航空の特性マップを見ると、ケレハー

がターゲットとする顧客層では、「低価格」がもっとも重視されていることがわかる。次に重視されるのが「フレンドリーなサービス」だ。そして「機内アメニティ」が最下位になっている。

ケレハーのリーダーシップの下、サウスウエスト航空は自社の顧客にとってもっとも重要な特性で業界トップに上り詰めた。それが達成できたのは、ひとえに重要度が低い分野で業界最低になることをあえて選んだからだ。

サウスウエスト航空が利用する空港は、たいてい不便な場所にある（たとえば、サウスウエストのハブ空港はボルチモア・ワシントン国際空港だ）。しかしそのおかげでコスト削減が可能になり、航空券の低価格が実現できている。サウスウエスト航空の顧客は低価格をもっとも重視するので、そのためなら空港の場所が不便になってもかまわない。

さらにサウスウエスト航空は、機内の利便性や快適さをすべて排除した（なんと事前の座席指定もできない！）が、それは裏を返せば、機内を清掃して次のフライトに備えるまでの時間が短くなるので、より効率的に機体を運用できるということでもある。ここでもコストが削減できるので、顧客がもっとも重視する低価格につながるというわけだ。（注４）

この種の決断にはかなりの勇気が必要だ。すべての人を喜ばせたいタイプのリーダーにとっては特に難しいだろう。有名な話だが、ケレハーはかつて、孫を訪問するときにサウスウエスト航空を利用するというある年配の女性から、「預かった荷物を他の航空会社の便に移送しない」という方針について苦情の手紙を受け取ったことがある（注5）。手紙の主は、そんな簡単なこともしてもらえないのかと訴えていた。ケレハーはそれに答えて、もしこの方針を変えたらサウスウエスト航空のビジネスモデルは生き残れないと指摘した。

この逸話は、従業員への教えとしてケレハー自身が全社に広めている。他社の便に乗り継ぐ顧客のために荷物を移送していたら、ただでさえ時間との競争になっている機体の回転時に余計な仕事が増えてしまうだろう。それに他社の便が時間通りに動くかどうかはまったくわからない。これでは機体の回転率が高いというサウスウエスト航空の利点が失われてしまう。

そのため、ケレハーはお怒りのお祖母さんにこう伝えた——大変申し訳ありませんが、荷物を他社便に移送するサービスを提供する予定は今のところありません。

著者たちはこの逸話が大好きなので、本書でも再び紹介することにした。ケレハーのような態度を選ぶのが難しいことは想像に難くない。手紙を送った女性は、なにも無理な要求をしているわけではない。他社では当たり前のサービスを、当たり前に要求しただけだ。

彼女の手紙は、サウスウエスト航空の特異な方針に不満を持つ顧客の声を代表しているといえるだろう。この競争の激しい業界で、すべてのライバル企業が提供している基本的なサービスを廃止するのは、ある意味でありえない戦略と言えるかもしれない。しかし、断固とした意志を貫いたおかげで、ケレハーは歴史上もっとも成功した航空会社を育てることに成功したのだ。

あえて苦手分野をつくる

ある分野で最高の存在になるためにあえて苦手分野をつくっている会社の話をすると、決まって同じ質問を受ける。それは「そのやり方は人間でも有効ですか？」という質問で、一言で答えるなら「もちろんだ」となる。

第4章でも見たように、男性の学者が女性の学者よりも早く出世する背景の1つは、論文の完璧さにこだわらずにとにかく早く提出することだ。彼らもまた、完璧さを犠牲にして早さを取るというトレードオフを、意識的、かつ戦略的に行っている。

完成度の低い論文でもまず提出すれば、フィードバックを参考に内容を磨き、最終的には卓越した論文を完成させることができるからだ。これもまた、「偉大になるために苦手分野を持つ」戦略の1つだ。一方で女性の学者は、あらゆる段階で完璧であることを目指している。その結果、アウトプットの量が少なくなってしまうのだ。

もっとも成功したリーダーは、この種のトレードオフをつねに行っている。ある意味で彼らの仕事は、容赦なく物事の優先順位をつけることだ。彼らは、すべてにおいて完璧になるのは不可能だということを知っていて、つねにもっとも重要なものを優先する。

パティ・アザレロは、33歳のときにＨＰで最年少のゼネラルマネジャーに就任した。そして35歳で10億ドル規模のソフトウェアビジネスを運営し、38歳でCEOに就任する。

アザレロは、彼女自身の卓越したキャリアと、周りにいる有能なリーダーたちのパターンをふり返り、**「もっとも成功している人たちは、そもそもすべてをやろうなどと考えもしない」**と言う。アザレロの言葉を借りれば、彼らは「容赦なく優先順位をつける」のだ。一方でその他の人たちは、「大切なことに集中して価値を増やすのではなく、とにかく勤勉に働く人として知られるようになる」という。(注6)

あえて苦手分野を持つという態度には、どんな見返りがあるのだろうか? その答えは、一対一の状況を想定するとわかりやすいだろう。机の上ですぐにできるので、あなたにもこのエクササイズをやってみてもらいたい。

エクササイズ

まず、より強固な関係を築きたいと思っている人を1人あげる。それは上司や仕事のパートナーかもしれないし、家族の誰かかもしれない。

そして次のトレードオフについて考える。彼らにとってもっとも重要なときには「最高のあなた」が出現するが、それ以外のどうでもいい状況では「平凡なあなた」か、あるいはむしろ「ダメなあなた」が出現する。その結果、2人の関係はどのように変わるだろう? あなたの有効性や、心の健康はどうなるだろう?

このエクササイズを、前に登場した「特性マップ」で考えてみよう。２人で行う活動や、あなたが相手のために行う活動を、相手にとっての優先度に沿ってランク付けする。次に、理想のパフォーマンスと比較して、自分の現在のパフォーマンスを評価する。１が最低点で、５が最高点だ。[(a)]

たいていの人は、図５－２（２２８ページ）の点線のようになるだろう。この例で子どもにとっていちばん重要度が高いのは、一緒にいるときに子どもにすべての意識を向けることだ。家にいるときにスマホばかり見ていたり、ハルクとスーパーマンが対戦したらどちらが勝つかという会話の最中で仕事のことを考えたり、一緒にレゴで遊んでいるときにトイレに隠れてメールをチェックしたりしてはいけないということだ（もちろんどれも架空のシナリオであり、ただ教育の目的で例としてあげただけだ）。

この例の子どもにとってもっとも重要度が低いのは、ＰＴＡの会合に積極的に出席することだ。ここで「あえて苦手分野をつくる」とすれば、ＰＴＡ活動をあきらめることになるだろう。

(a) これまでの経験から言えば、たいていの人は特にデータを集めなくてもこのエクササイズを行うことができるが、相手と直接話せるならそれに越したことはない。「私がしているすべてのことの中で、あなたにとっていちばん大切なものは何か?」という内容の質問をしてみよう。相手の答えは、自分の行動を決める大きなヒントになるだろう。さらにこの会話それ自体が２人の関係にとって大きな意味を持つことも多い。

図5-2　特性マップのサンプル

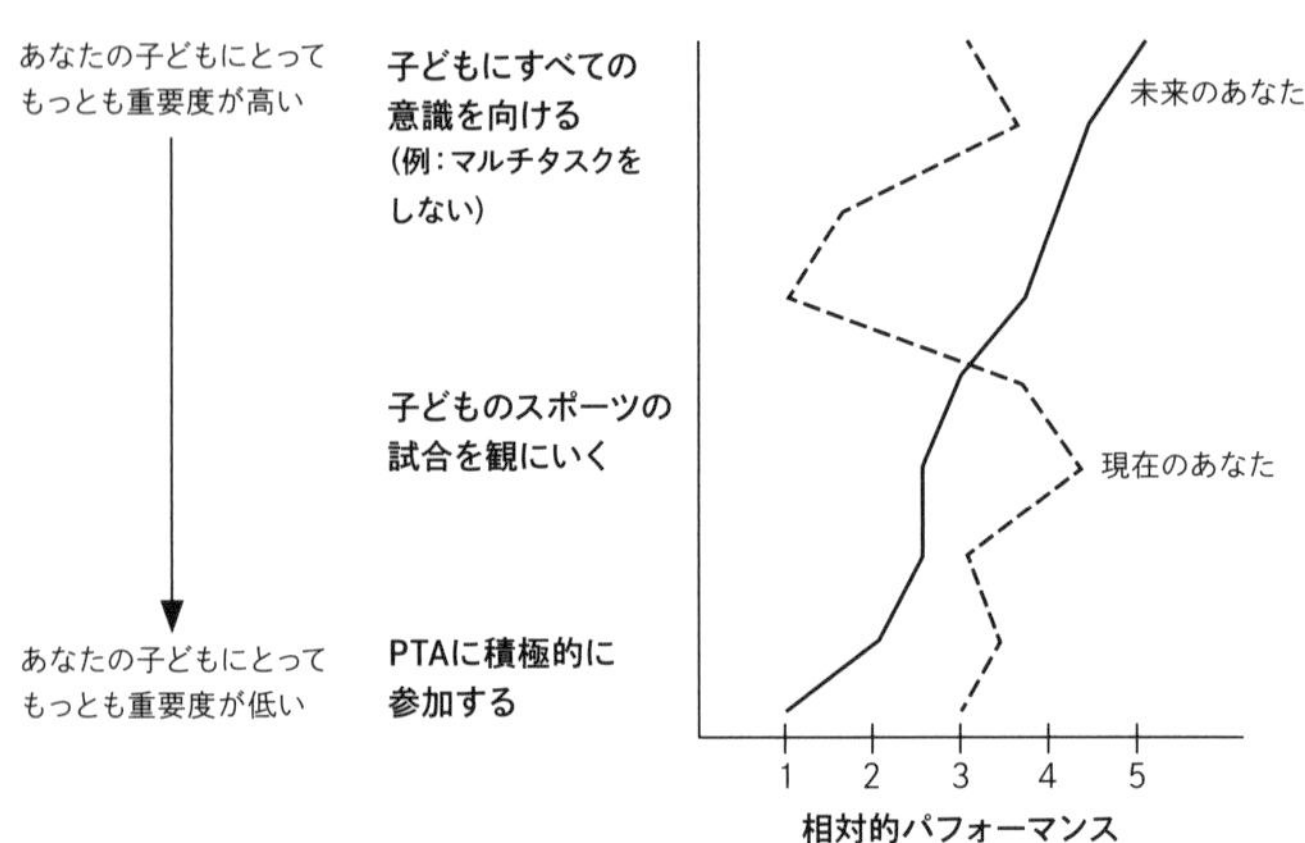

ろう。そしてその空いた時間を仕事に回し、家にまで仕事を持ち込まないようにする。あるいは、学校でのボランティア活動を、ＰＴＡのイベントからスポーツプログラムに変えるという選択肢もある。子どものスポーツにあなたが関わるのは、子ども自身も望んでいることだ。

ここでも基本的な考え方は同じで、**重要度の低い分野ではとことんダメな親になり、その代わりに重要度の高い分野で最高の親になることを目指す。**たいていの人は、自分に限界はない、自分は何でもできると思いたいので、この幻想を捨てるには勇気と強い意志の力が必要だ。しかしその見返りとして、真に大きく花開くための余裕が手に入る。

ここで本書のミッションを思い出して

もらいたい。例にあげた親としての選択は、偉大なリーダーシップを可能にするトレードオフと同じだ。リーダーシップに関する議論であまり語られない点の1つは、リーダーとして成功するにはとてつもないエネルギーが必要だという事実だ。周りから信頼され、高い基準と深い献身を維持し、大勢の多様な人々の才能を解き放たなければならないのだから、もちろん簡単な仕事ではない。リーダーにとってもっとも大切な資質で卓越したいのであれば、どうかその他の分野では、あえてダメになることを選んでもらいたい。

アップル製品をめざせ——自分に適正な「価格」をつける

戦略的に勝つ分野と負ける分野を決めることで価値を創造する方法を確立したら、今度はその価値のいくらかを獲得してビジネスを築いていく（注7）。そのための中心的なメカニズムは**価格**だ。価格というナイフを使えば、価値のケーキを自分用と顧客用に切り分けることができる。

そこで、あなたにとって次の戦略的な挑戦は、適正な価格をつけることになる。特性を割り出し、その中であえて苦手な分野を持つことにした製品やサービスを、あなたはいくらで売り出すだろう？　便宜上、その製品やサービスを単に「製品」と呼ぶことにする。

価格設定は、自分の顧客のＷＴＰ（Willingness To Pay の頭文字。「払う意志がある最高額」とい

図5-3　戦略的価値のレンジ

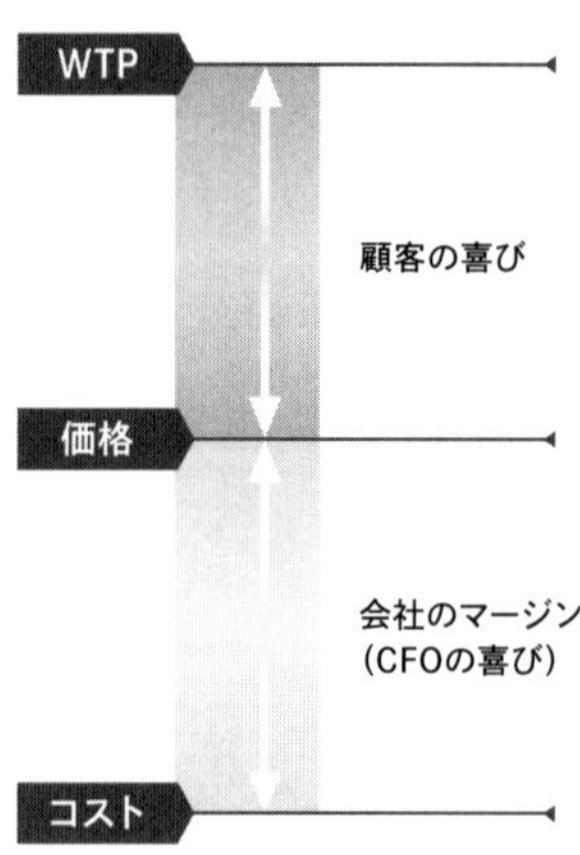

う意）を知っていたほうがうまくいく。顧客を維持するには、WTPとコストの間のどこかに価格を設定する必要があるだろう。価格がWTPより高くなると、たとえそれが1セントであっても、顧客は去ってしまう。逆に価格がコストより低くなると、たとえそれが1セントであっても、あなたは売れば売るほど損をすることになる。これではいずれビジネスが続けられなくなるだろう[b]。

図5-3を参考に、自分の価格設定を視覚化してみよう（注8）。「価格」と「WTP」の間に入るものはすべて顧客にとって得になるので、ここは「顧客の喜び」と呼ぶことにする。そして「価格」と「コスト」の間に入るものはすべて会社にとって得になる。言ってみれば「CFOの喜び」ゾーンだ。

それでは、実際の価格設定はどこにすればいいのだろうか？

この決断は喧々囂々（けんけんごうごう）の議論になることが多い。たいてい最初に登場するのは、できるだけWTPに近づけて利益を最大化し、会社が生き残る可能性を高めるべきだという意見だ。すると今度は、WTPとコストの中間あたりにしたほうがいいという、もっと穏健な意見が出てくる。そして最後に「顧客目線」の人たちが議論に入り、もっと安くするべきだと主張する。価格をコストにより近づけ（ただしコストより低いことはあまりない）、より多くの顧客を惹きつければ、マージンの少なさを販売量で補うことができるというわけだ。

この議論がよく白熱するのは、「正しい答え」というものが存在しないからだ。利益を最大化するという主張の根拠は、おそらく説明するまでもないだろう。とはいえ、お得感を出して忠実な顧客を喜ばせ、バズを起こしてもらうのも有効な戦略になる。

たとえばアップルの価格設定はこの戦略のいい例だ。アップルの忠実な顧客のWTPはか

(b)　もちろん、収益性以外の目的（たとえば成長）のほうが大切だと出資者が判断する、あるいは規模の経済やその他の構造的な変化によっていずれコストが下がることがわかっているなら、この状態でビジネスが生き残ることは可能だ。組織の健全性を判断する基準として、収益性はあまり用いられなくなってきている。特に創業したばかりの会社ではそうだ。

なり高いのだが、アップルはあえてそれよりもだいぶ低い価格を設定し（しかしコストよりはかなり高い）、顧客の間に忠誠心と熱狂を生み出すことに成功している（注9）。その結果、アップル製品は業界の平均よりも高価になっているが、アップルストアで買い物をする人のほとんどは、勝者の気分で店を後にする。そしてアップルの利益も上昇を続けている。

著者たちから実践的なアドバイスをするなら、アップルを目指しながら、「価値のレンジ」の真ん中あたりの価格に落ち着くのが望ましい、となるだろう。消費者が価格にあまり敏感にならない業界であっても、ここが妥当な線だ。

偉大な製品は、すべてのステークホルダーのパートナーシップから生まれる。会社も顧客も、共に前進すると決めたこの旅で、満足感を高めていかなければならない。直感には反するかもしれないが、顧客がお得だと感じる価格設定は、自分の役割を果たしてくれた顧客への報酬と同じだ。信頼、愛、帰属の表現であり、それらすべてが売買取引という瞬間に詰まっている。

この考え方は、著者たちが信奉するリーダーシップ哲学の1つの核心でもある。それは、伝説の起業家で、オープンソースのパイオニアでもあるティム・オライリーの**「自分が獲得するよりも多くの価値を創造する」**という言葉だ。オライリーはここ数十年、この言葉とともにテック企業に挑戦してきた（注10）。組織を構築する人、そしてもちろん組織を率いる意志のある人は、誰もがオライリーのこの言葉を原則として胸に刻むべきだろう。

ここまでの議論で言いたかったのは、価格設定は単なる技術的な決断ではないということだ。戦略チームからの「ここまでなら上げても大丈夫」という情報を基に決めることではない。価格設定は顧客に奉仕する姿勢を伝える手段でもある。

あなたと顧客は同じ船に乗っている。そして価格には、あなたと顧客は共同体であるという事実が反映されていなければならない。

価値というレンズを通してリーダーシップを見ると、リーダーの責任は「他者のために価値を創造する」ことだとわかる。一方で価値を獲得するのは、生き残りと安心のためであり、富の創造のためだ。どれも大切なことだが、著者たちの考えではリーダーの資質とはまったく関係ない。

あなたはリーダーとして価値を創造し、そして一個人としてその価値の一部を獲得する。著者たちの考えをオライリーの言葉を借りて表現するなら、「自分が獲得するよりもはるかに多くの価値を創造する」となるだろう。

サプライヤーをたくさん喜ばせよう

図５－３の「戦略的価値のレンジ」で、顧客の反対側に位置するのがサプライヤーだ。

サプライヤーは人間や組織からなり、労働力、原材料、オフィススペースなどを提供してくれる。あなたが顧客と分け合っている価値のケーキは、サプライヤーからの砂糖や卵でできているということだ。当然ながら、ケーキの大きさは、サプライヤーにどれだけ払うかによって決まる。サプライヤーへの支払いが少ないほどケーキは大きくなり、支払いが多いほどケーキは小さくなる。

それでは、サプライヤーへの妥当な支払い額はどうやって決めるのか。価格設定で顧客のWTPがカギになったのと同じように、コストの設定でもサプライヤーのWTSがカギになる。WTSとはWillingness To Sellの頭文字で、サプライヤーが最低この価格なら自分の製品やサービスを売ってもいいと思えるラインだ。

あなたが提示した価格がサプライヤーのWTSよりも低ければ、それがたとえ1セントでも、相手は売ってくれないだろう。WTSと、あなたが最終的に払う額（コスト）の間のレンジがサプライヤーにとっての余剰だ。図5－3にサプライヤーも加えると図5－4になる。図5－4は「**価値のスティック**」と呼ばれる。

確認すると、コストを下げれば下げるほど、あなたと顧客が分け合う価値は大きくなる。それはつまり、WTSを下回らないかぎり、ギリギリまでコストを下げるべきだということなのだろうか？　そのやり方で悪名高いのが、大手の小売店や自動車メーカーだ。それについては、市場支配力を手に入れるためならやむをえない、むしろあなたの生まれながらの権

図5-4　戦略的価値のスティック

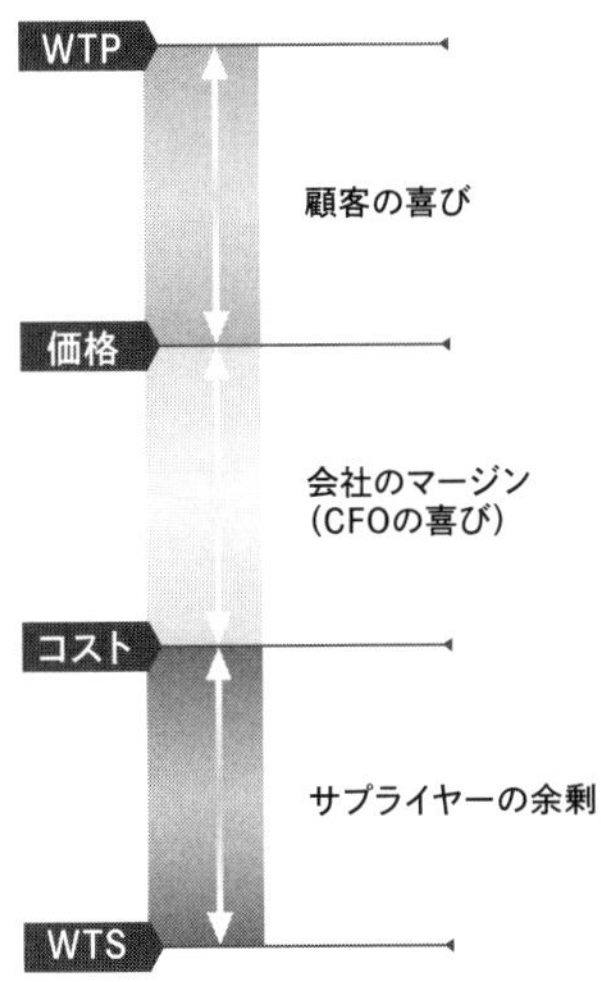

出典：Adam M. Brandenburger and Harborne W. Stuart, "Value-based Business Strategy," *Journal of Economics & Management Strategy 5* (March 1996): 5-24.

利だと言ってくる人もたくさんいるだろう。

しかし著者たちは、サプライヤーをギリギリまで絞り上げることはおすすめしない。理由は単純で、**サプライヤーが幸せで豊かでなければ、あなたの組織も健全な状態を維持できない**からだ。まともな報酬をもらえないなら、サプライヤーはいずれ取引をやめるか、あるいは真剣に働かなくなる。

つまり、サプライヤーの余剰を守ることは、顧客のために価値を残すのと同じくらい、戦略的に正しい行動だということだ。

著者たちの見たところ、あまりにも多くの企業が、サプライヤーを喜ばせることの価値を過小評価している。しかし、この間違いを犯していない企業を1つあげるとしたら、それはザッポスだ。ザッポスは「異常なサービス」で知られるネット通販会社で、サプライヤーとの関係も業界の標準に真っ向から背を向けている。

ザッポスCEOのトニー・シェイは、サプライヤーとの健全な関係に投資する意味をきわめて明確に説明する――サプライヤーが成長することも、利益を出すこともできなければ、あなたにとって悪い決断をするようになるだろう、と彼は言う。それはたとえば、サービスやイノベーションの削減だ。一方でサプライヤーが十分に潤っていれば、ザッポスでそうだったように、その見返りはほぼ「無限」と推計できる。(注11)

サプライヤーとの関係でもザッポスは有言実行だった。ベンダーから電話があれば、数時間以内に必ず折り返す。ベンダーがラスベガスの本社を訪れるときは、ザッポスの従業員が空港まで迎えに行き、訪問中はずっとVIP待遇を提供する。そして年に一度、有名なラスベガス・ストリップにあるクラブで盛大なベンダー感謝パーティが開催される。さらにベンダーは、ザッポスのパフォーマンスデータにもアクセスできる。ベンダーはそれを参考に自社の経営を改善し、ザッポスにとってよりよいパートナーになれるのだ。

価格交渉のときも、シェイはつねにサプライヤーの余剰を尊重する。それが戦略的に正しいと信じているからだ。「私たちはサプライヤーを絞り上げるのではなく、彼らとコラボレートする。どこまでリスクを許容できるのか、どの程度のスピードでビジネスを成長させた

いかについて（中略）私たちは共に決断する」。（注12）

「人件費が高い」から、業績がいい

シェイの考え方は、あなたが取引するすべてのサプライヤーにも当てはまる。つまり労働力のサプライヤーも同じだということだ。ほとんどの会社にとって、労働力のサプライヤーとはすなわち従業員ということになるだろう。人事部の決断は、本書で見てきたさまざまな決断と同じくらい戦略的な意味を持つ。(c)

そこで、こんな基本的な疑問が浮かんでくる。質の高い労働力を安定して供給してもらうには、どれくらいの額を払うべきなのだろうか？

最低でも、生きるために必要な額は支払わなければならない。これは絶対条件だ。そのうえで、それを超えた額を支払うべきだと考えるもっともな理由もある。

ＭＩＴ教授のゼイネップ・トンは、画期的な「よい仕事」研究の一環として、従業員への

(c) ちなみに、さらに現実を複雑にするようなことを言えば、あなたの顧客も労働力のサプライヤーになりうる。たとえば、ＩＫＥＡの棚をパートナーや家族と一緒に組み立てたのであれば、ほとんどの会社で訓練された従業員が行う最後の仕上げの作業を、顧客の立場で行ったということだ。

投資とリターンについて調査している。**十分な報酬と尊厳ある仕事という投資をすると、たとえローコスト・ローマージンのビジネスモデルであっても、大きなリターンが期待できる**という。(注13)

一般的に、ライバルと価格競争をしている企業は、従業員を厚遇するような余裕はないと考えられている。しかし彼女はその説を一蹴（いっしゅう）する。トンの研究で有名なのが、オクラホマ州に拠点を置くコンビニチェーンのクイックトリップの事例だ。

現在は110億ドルの売上を誇り、11の州に800以上の店舗を展開するクイックトリップは、低スキルの従業員にも中間層の賃金を払い、さまざまな業務に対応できるようにクロストレーニングを提供し、さらに上司の監視がなくても独自の判断ができるようにエンパワーしている。(注14)

これらの投資のリターンは、従業員の高いエンゲージメントと高い生産性、そして離職率の低さであり、それが会社全体の運営費の低下につながっている。トンはさらに、従業員への投資が売上の増加と顧客満足度の向上にもつながっていると指摘する。

つまり、クイックトリップのような会社は、高い人件費にもかかわらず成功しているのではない。人件費が高い**から**こそ成功しているのだ。

トンの研究対象のような企業にとって、人件費はコストではない。従業員は、信用できない存在でもなければ、いつでも交換可能な部品でもない。そのような企業はむしろ、現場の従業員にこれでもかとばかりに投資する。運営費を削減し、さらに高賃金という形で従業員の懐（ふところ）に入る余剰を増やしている。そうすることで、職場にコミュニティと帰属という文化を育（はぐく）んでいるのだ。

ちなみに、偉大な文化がもたらしてくれる利点の1つは、むしろ従業員のWTSを押し下げるということだ。その結果、従業員が手にする余剰はさらに大きくなる。[d] トンによると、このような選択をすることで従業員の喜びが増し、人材マーケットでもっとも優秀な人たちを惹きつけ、維持し、彼らの才能を解き放ってビジネスを成長させることができる。（注15）

ある朝、チャールズ川沿いを歩きながら彼女が著者たちに話してくれたように（彼女に話を聞くにはその時間しかなかった。世界中が彼女の仕事に興奮しているからだ）、「これは単なる『よい仕事』ではない。『偉大な仕事』だ。そして偉大な仕事を提供できる企業は、まさにその理由で成功している」ということだ。

(d) 直感的におかしいと感じる人もいると思うので例をあげて説明しよう。フランシスは他の機関からハーバード・ビジネススクールに移るとき、以前よりも報酬が低くなることを喜んで受け入れた。HBSの教授になることには、優秀な同僚、優秀な学生、活気ある授業など、それを補って余りある見返りがあるからだ。賃金は下がったが、働く喜びは3倍になった（3倍でも控えめな数字だ）。

現代のビジネスモデルの多くに根づいている思い込みと比較すると、トンの研究は挑発的で逆説的だ。たとえば、いわゆる「ギグエコノミー」もそうだろう。

標準的なギグのビジネスモデルは、人間の根源的な欲求を満たして大量の「顧客の喜び」を創造している。食事、移動手段、ちょうどなくなったゴミ袋などが、クリック1つで簡単に届けてもらえるからだ。しかも価格は笑ってしまうほど安い。これらのサービスはどれも同じに見えるので、企業が競争できるのは価格しかない。どの企業も、価格を下げることで顧客の喜びをさらに増やそうとしている。

このモデルが機能するには、労働力のサプライヤー（このサービスで消費者と直接顔を合わせる最後のステップを担当する契約労働者）が十分な余剰を手にする必要がある(注16)。多くの企業がこの目標を達成できていないなか、希望の光となっている例外がタスクラビットだ。

タスクラビットは多くの点で、ギグエコノミーを誕生させた存在といえるだろう。タスクラビットの進化から学べることの1つは、**たとえギグエコノミーでも、すべての人が勝てるビジネスモデルをつくるのは可能だということだ。顧客も、企業も、そしてサプライヤーさえも幸せになれる。**

タスクラビットの戦略的経営変革

タスクラビットCEOのステイシー・ブラウン＝フィルポット（第1章に登場したのを覚えているだろうか？）は、何か新しいことをしなければならないという思いに駆られ、思い切ってグーグルからタスクラビットに転職した（当初の役職はCOOだ）。組織をエンパワーできるチャンスに夢中になったという。「人が集まれば、個人ではできないようなことが可能になる。それを手助けするために、私に何ができるだろう？」。（注17）

タスクラビットの画期的なビジネスモデルによって、消費者とフリーランスの労働者をつなぐビジネスは可能だということは証明されたが、そのモデルにはいくつかの穴があった。

ブラウン＝フィルポットは、自分ならその穴を埋めることができると考えた。グーグルで10年近くにわたって成長に関する問題と格闘し、勝利を収めてきた彼女は、この役割にまさにうってつけだった。

タスクラビットはいわゆる便利屋のマッチングサイトで、２００８年に設立された。日常の雑務を頼みたい人と、請け負いたい人（「タスカー」と呼ばれる）をつないでいる。

依頼の中身は、家の掃除からちょっとしたお使い、ＩＫＥＡの家具の組み立てまでさまざまだ。ちなみにＩＫＥＡの組み立てはタスクラビットでもっとも多い依頼の1つだという。顧客は、時間がなくてできないことや、経験がなくてできないことを外部に委託でき、そして自由な働き方を好むタスカーは、好きな時間に働いてお金を稼ぐことができる。

タスカーと仕事をマッチングするしくみは一種のオークションのようになっている。顧客

図5-5　当初のタスクラビットの価値のスティック

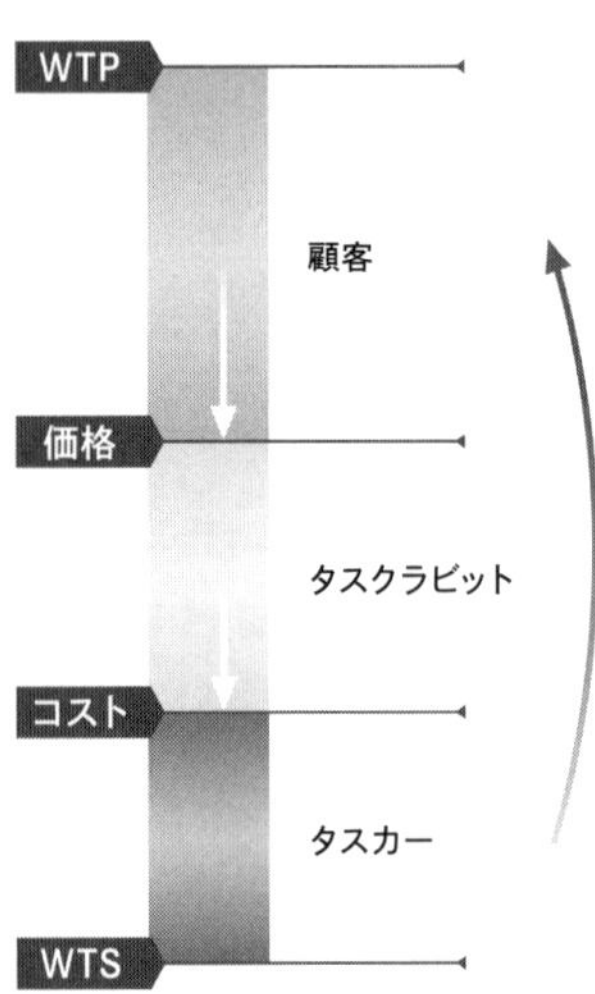

が依頼する仕事を投稿し、それを見たタスカーが請け負う金額を提示する。その中から妥当な金額を提示したタスカーのリストが顧客に提供され、顧客は基本的に金額と日時の都合を基準に依頼するタスカーを選ぶ。

この流れを「価値のスティック」の観点から表現すると、オークションシステムには、タスカー（サプライヤー）の余剰を縮小することによって、スティックの上にある「顧客の喜び」を増大する効果があるということだ。タスカーが高いスキルや貴重なスキルを持っている場合は余剰の部分が大きくなるが、多くのタスカーはスキルが低く、低価格を武器に仕事を取るしかない状況だ（図5－5参照）。

また、タスカーには自分がやりたい仕

事を探すという手間もある。タスカーは平均すると、仕事の検索に週に2時間を費やしている。この時間と、検索の手間が、タスカーにとってはさらに重荷となる。そのため、２０１３年にはタスカーの数もユーザーの数も最大になったが、そのいいニュースの裏には不穏な事実も隠されていた。マッチング率がたったの50パーセントでしかなかったのだ。言い換えると、仕事の依頼を投稿したユーザーが２人いたら、そのうちの１人はタスカーを見つけられないということだ。（注18）

この問題に取り組むにあたり、ブラウン＝フィルポットはまずスティックのいちばん下から始めた。**サプライヤーの余剰を拡大し、守る方法を模索した**のだ。

タスクラビットが構築した新しいプラットフォームモデルでは、タスカーは自分の時給を提示することができる。そしてその時給は、タスカーが働くマーケットの最低賃金より上でなければならない。タスカーはさらに、自分のスケジュールを公開し、自分がやりたい仕事を明確に説明する。

この新しいモデルでは、もう何時間もかけて、自分のスキルと興味を市場の需要とマッチングさせる必要はない。その重荷のほとんどを会社が背負うことになっているからだ。

その結果、タスカーは安定して余剰を手に入れることができるようになったが、ユーザー側は払う金額が増えることになった。ブラウン＝フィルポットの考えでは、この金額が市場で競争力を持つには、マッチング率を上げることがカギになる。それに加えて、ユーザーの

図5-6　改善されたタスクラビットの価値のスティック

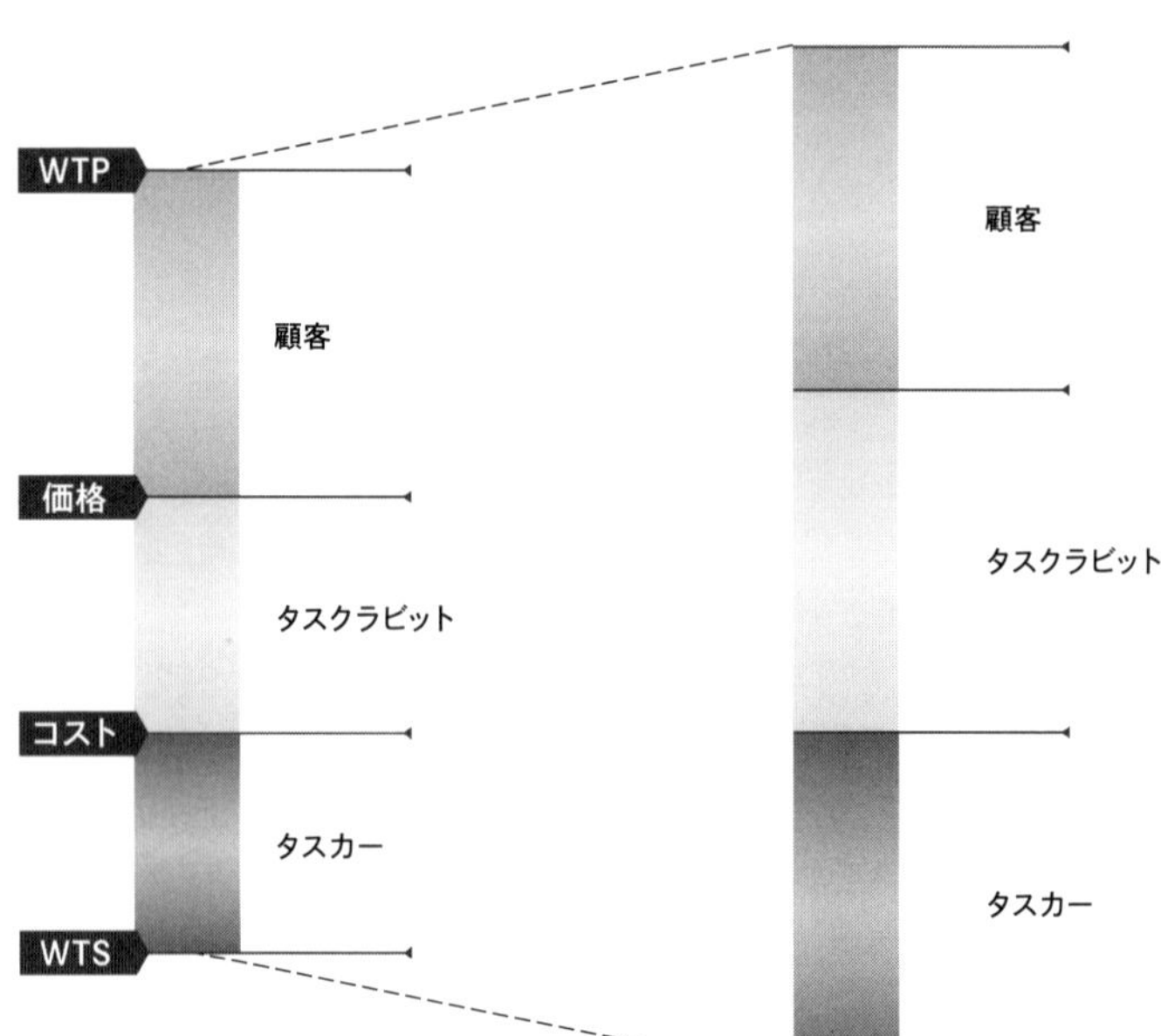

喜びを維持する（あるいはさらに増やす）には、タスカーを決めるプロセスを効率化してユーザー体験を高める必要があった。サイトを1回訪問するだけで希望のタスカーが見つかるような仕様にした結果、顧客のWTPは実際に向上した（図5－6を参照）。

この新しいモデルはまずロンドンで導入され、大成功を収めた。ロンドンが選ばれたのは、まだタスクラビットが進出していなかったので、新しいシステムにしても従来のステークホルダーを逃さないようにする努力が必要なかったからだ。ロンドンのユーザーは、他の地域に比べて3倍の速さで増加した。それに顧客が依頼した仕事に払った金額も2倍になった（注19）。リピート客が大幅に増加し、顧客満足度も向上している。そしてもっとも重要なマッチング率は90パーセントに到達した。（注20）

この新しいモデルを既存の市場にも導入すると、当初は収入が減ることを心配したタスカーからの反発もあったが、ブラウン＝フィルポットはそれも乗り越えた。

この経験によって、彼女は変化を管理するという貴重な体験をすることができた。そこから学んだことの1つはコミュニケーションの大切さだ。サプライヤーの生活がかかっているときは、特にコミュニケーションが不可欠になる。

またこの経験によって、サプライヤーの思考や感情に寄り添うことの価値も再認識した。彼女は「タスカー諮問（しもん）委員会」を設立し、さらにタスクラビットの従業員にも、タスクラビットの顧客とタスカーの両方の役割をやってみることを推奨した。もし今日、あなたがタスクラビットで仕事を依頼すれば、ブラウン＝フィルポット本人がタスカーとして現れる可能性も十分にある。

この新しいモデルをタスクラビットのすべての市場で導入すると、ブラウン＝フィルポットは予期していなかったことに気がついた。**タスカーたちが互いに競争するのではなく、むしろ助け合うようになったのだ。**他のタスカーのために教室を開催したり、動画を投稿したりして、より専門的な仕事で収入を増やす方法などを教えている。その結果、タスカーはスキルを向上させ、より稼げるようになった（しかもタスクラビットが負担するコストはほぼゼロだ）。タスカーは、他のタスカーの才能を解き放つことで、仕事に新しい意義を見つけていった。ブラウン＝フィルポットが不在の場所でも、彼女が根づかせたエンパワメント・リーダーシップが力強く息づいている。

「サプライヤーの繫栄」にコミットしたトヨタ

この段階になると、「価値に基づいた戦略」がさらに興味深くなる。「価値のスティック」をケーキとするなら、戦略の目的は、顧客の喜び、会社のマージン、サプライヤーの余剰という「ケーキの一切れ」を大きく成長させることだ。その際、何かの「一切れ」が成長したら、その他の「一切れ」が減少するということがないように、すべてを成長させなければならない。

これを「一切れ」と呼ぶのは、それぞれが拡大したり縮小したりするのを想像しやすくするためだ。何かの一切れを大きくしたいなら、比較的簡単な方法は別の一切れを小さくすることだ。たとえば、ケーブルテレビ会社が料金を値上げするのがまさにそうだろう。ただ顧客を怒らせるだけで、顧客のＷＴＰを引き上げるような努力をまったくしない（注21）。優れた戦略を求めるなら、まずあなたが努力することが必要だ。自分だけが得をするのではなく、すべての人の一切れを成長させなければならない。

それを達成する１つの方法として昔からよく行われているのは、顧客のＷＴＰを引き上げることだ。これは市場が誕生して以来、戦略担当者が飽きもせず使ってきた方法だ。自社の製品をよりよく、よりクールに、より使いやすく、より楽しく、より便利にするなど、とにかく何らかの形で改善するたびに、顧客のＷＴＰには上向きの力が加えられる。その結果、あなたは価格を上げてより多くのマージンを手に入れながら、同時に顧客の喜びも大きくすることができるのだ。

ＷＴＰを引き上げるもう１つの戦略として、**ブランディングと物語の向上**があげられる。具体的には、既存の製品の補完になるようなものを提供する（ホットドッグにケチャップをつける）、ネットワーク効果を活用する（ユーザーが増えれば製品の価値も上がる）、といった方法がある。この戦略を詳しく見ていこうとすると、それだけで本が１冊書けるだろう。ＷＴＰ戦略についてはすでに山のようなアイデアがあり、著者たちの目的はすでに分厚いカタログに項目を足すことではない。

むしろここで強調したいのは、**戦略はリーダーとしてのあなた自身の延長である**という事実だ。「戦略」という言葉にはどこか非人間的な響きがあるが、戦略の本来の役割は、あなたの人間性を組織全体のふるまいに浸透させることにある。戦略があるおかげで、あなたはどんな人でもエンパワーできる。彼らが組織のどこにいようと関係ない。あなたが自分では一度も訪れたことのないような場所にいる人にまで影響力を及ぼすことができる。

まさにそれを行ったのがトヨタだ。トヨタはサプライヤーと競争するのではなく、むしろ協力することを選んだ。自動車業界ではOEMサプライヤー（他者ブランド製品を製造する業者）を過酷に絞り上げるのが通例だが、トヨタはその悪しき慣習に背を向け、サプライヤーの繁栄にコミットすることを選んだ（注22）。トヨタの計算はシンプルだ。サプライヤーの効率性が上がれば、トヨタのコストも削減される。

そこでトヨタは、産業界にその名を馳せた「トヨタ生産方式（TPS）」をサプライヤーにも開放することに決めた。サプライヤーはTPSから製造コストを削減する方法を学び、一方でトヨタは部品の調達コストを下げることができる。この学習を基盤としたパートナーシップによって、サプライヤーは自社の余剰を増やすことができた。しかもトヨタと取引するときだけにかぎらず、すべてのクライアントとの取引でそれが可能になったのだ。

共存共栄を実現するには

ここであなたに考えてもらいたいのは、自分もすべてのステークホルダーとの関係でトヨタ方式を採用するにはどうすればいいだろうということだ。価値のスティックで自分の取り分を大きくするために、内部コストを下げる方法を模索しているなら、特に従業員への報酬について真剣に考えてもらいたい。必ずしも報酬を上げればいいというわけではないが、もちろんそれが戦略的に最善の方法になる可能性もある（ゼイネップ・トンの研究を思い出そう）。

ここで覚えておいてもらいたいのは、従業員の喜びを大きくする手段は報酬以外にもあるということだ。たとえば、働く時間や働き方を自由にする、スキル向上や学習のための機会を与える、といった方法がある。あるいは、ミッションや意義を従業員体験の中心に据えるという方法もあるだろう。数々の研究からもわかっているように、これらは多くの人にとって給料の額と同じくらい大切だ。(注23)

ビジネスの世界では、ある会社が勝つには、他の会社が負けなければならないと信じられている。しかし、ここで紹介した事例を読めば、そうでないことが理解できるのではないだろうか。顧客、株主、従業員、サプライヤーのすべてが利益を得ることは可能だと、著者たちは信じている。特にあなたが長期的な視野に立ち、自分の組織を全体的にとらえているなら、それが実現する可能性は高くなるだろう。

そのための第一歩は、「ほとんどの人はあなたのいないところでほとんどの決断を下す」という事実を肝に銘じることだ。自分が不在の状態でも彼らを率いていくために、あなたはどんな戦略を立てるだろうか？　その戦略は、リーダーとしてのあなた自身をどのような形で反映しているだろうか？

エクササイズ
未来の「価値のスティック」を考える

著者たちの経験から言えば、偉大な戦略は創造的で、革新的で、そして何よりも楽観的だ。正しい戦略の何たるかを知っているリーダーは、顧客や従業員の利益は会社の損失の上に成り立っているとは考えない。サプライヤーを、同じパイを取り合う競争相手とみなすことを拒否している。世界クラスの戦略家である彼らは、価値のスティックを伸ばしてすべての人の喜びを大きくすることを目指す。

あなた自身とあなたの組織が、このような戦略的思考を身につけるにはどうすればいいのだろうか？

著者たちが見たところ、1つのシンプルなエクササイズだけでそれは可能になるようだ。このエクササイズは、小さなグループで行っても、大きなグループで行っても効果があり（著者たちは数百人のグループで実施したことがある）、戦略プランニングの集まりでやる行事に頭を悩ませている人にとっても参考になるかもしれない。

まず2人から4人のグループをつくり、一緒に座って次のことを行う。

1、会社の「戦略の物語」を語る

会社の歴史をふり返り、価値のスティックの枠組みを使って、戦略を物語としたときの主な転換点を描写する。当初の戦略ではどの「一切れ」が基盤になっていただろう？　時間の経過とともにその戦略はどのように進化し、その間にどのステークホルダーが価値を失ったり増やしたりしたか？　今の時点ではどの一切れを優先しているか？　そのせいで誰が犠牲になっているか？

2、他の一切れを犠牲にすることなく、最低でも1つの一切れを大きくするための新しいアイデアを考える

ここでの目的は、新しいアイデアのためのスペースをつくることだ。参加者全員が、これまでとはまったく違う発想に挑戦する。未来の価値のスティックでは、それぞれの一切れがどのように変化しているだろうか？

創造性を発揮するきっかけになる質問をいくつか紹介しよう。コストをそれほど増やすことなく（あるはまったく増やすことなく）顧客を喜ばせるにはどうすればいいだろう？　サプライヤーが時間やコストを削減しながらよりよいサービスを提供できるようになるために、自分たちにできることはあるだろうか？　従業員への報酬を増やすことが、どこか他の部分のコスト削減につながるだろうか？　報酬を増やさずに従業員の喜びを増やす方法はあるだろうか？

3、自分の最高のアイデアを提示し、反論を歓迎する

自分の最高のアイデアが固まったら、それをチームのメンバーにプレゼンする。価値のスティックを使ってトレードオフと見返りを説明する。影響を受けるのはどの一切れか？　何も影響を受けないのはどれか？　チームからのフィードバックを活用して思考に磨きをかけ、アイデアをさらに強化する。

4、このエクササイズで生まれたアイデアのうち、最低でも1つを実行に移す

このエクササイズで生まれたアイデアから最高のものを1つか2つ選んで実行に移す。これは、「始めるなら今だ」という力強いメッセージになると同時に、クリエイティブシンキングへの報酬にもなる。まずは「パイロット版」として実行し、その結果からすぐに何かを学ぶ。

自分の言葉を使う――手紙に記された「アマゾンの戦略」

ここで正直に告白しよう。著者たちはリアリティ番組の『シャークタンク』が大好きだ。これは、起業家が事業のアイデアをプレゼンし、「シャーク」と呼ばれる投資家たちがプ

レゼンをジャッジして投資するかどうかを決めるという内容の番組だ。大きなエネルギーと、事業から生まれる可能性がこの番組の原動力であり、私たちもそこから多大な影響を受けている。

特に気に入っているのは、シャークたちがどんなビジネスアイデアにも熱心に耳を傾けるところだ。アフリカ系アメリカ人のカップルが考えた巻き毛用のヘアケア製品でも、白人男性が考えた高性能の缶ビール用クージー（保冷効果のある缶飲料カバー）でも、シャークたちは同じくらい熱狂する。

これはたしかにテレビ用につくられた世界だが、著者たちが理想とするのもまさにこのような世界だ。優れたアイデア同士がそれぞれの長所で競い合い、投資家たちの注目とお金を集めることを目指す。アイデアを生んだ人の属性はまったく関係ない。

（『シャークタンク』への出演を目指している人へ、著者たちからのアドバイスだ。1人のシャークをチームに入れることのメリットを正しく評価すること。シャークの1ドルは他の人の数ドルよりも価値がある）

また著者たちは、エピソードの中に教育的な瞬間があるところも気に入っている。この章で見てきたコンセプトのほぼすべてで、『シャークタンク』の事例を使うことができるだろう。

たとえば、アーロン・クラウスが発明したスクラブダディは、温水で柔らかくなり冷水で固くなる便利な万能スポンジだ。この発明でクラウスは、特にコストをかけることなく普通のスポンジよりも高いＷＴＰを達成した。

また、ゲストシャークとして出演していたドライバー（ブロー専門美容室）創業者のアリ・ウェブが、迷いながらもカールミックス（巻き毛用のヘアケア製品）への投資を断ったときは、見ていてスタジオ内に緊張が走るのがわかった。ウェブは起業家たちもビジネスモデルも気に入っていたようだが、彼女のビジネスは巻き毛をストレートにすることであり、巻き毛をそのままで美しく見せることではない。そしてカールミックスのバリュープロポジション（顧客にとっての商品価値）はまさに後者だった。

成功する戦略の特徴は、誰でもすぐに理解できること、そして説得力があることだ。『シャークタンク』でもその特徴が何度もスポットライトを浴びてきた。シャークや、家で番組を見ている視聴者は、あなたの業界についてほとんど何も知らないかもしれないが、そんな彼らでもすぐに理解できるプレゼンを行うことが求められる。どうやってビジネスで勝つのかを簡単に説明できないなら、わざわざ番組に出る意味はないだろう。

そして著者たちは、この原則は現実世界のリーダーシップにも当てはまると信じている。もっとはっきり言えば、あなた以外の人があなたの戦略を理解して、それを基準に自分なりの意思決定ができないのであれば、この章で見てきたことはすべて無意味だということだ。

冒頭でも述べたように、戦略の効果はどれだけわかりやすく伝えられたかによって決まる。そこで次からは、戦略の伝え方について見ていこう。

　ここでの目標は、「シンプルに伝えるために深く理解する」ことだ。自分の戦略を深く理解していても、伝え方がわかりにくければ（たとえば、話が複雑、専門用語が多い、など）、社内のごく一部の人間しか理解できないだろう。戦略の理解が表面的でしかない場合も、その戦略は厳しい生存競争を勝ち抜くことはできない。

　従業員たちは、戦略から逸脱する誘惑につねにさらされている。そしてたいていは、カスタマーサービスの要求に応じるためなど、逸脱するだけのもっともな理由があるものだ。簡単に言えば、すべての人が逸脱せずに正しい道を進むには、戦略に確固とした基準となる北極星が必要だということだ。

　最初の一歩は、コミュニケーションのモデルを選ぶこと。1つのモデルでもいいし、複数でもかまわない。自分に向いていて、自分の長所を生かせるようなモデルを選ぶのがコツだ。ジェフ・ベゾスは毎年、アマゾンの株主に宛てた長い手紙を書いている。彼はその中で、アマゾンの戦略の柱を確認する。これは会社の一部を所有する投資家たちへの手紙だが、実質的にはすべてのステークホルダーに向けての言葉だ。ベゾスの文章は明確で、説得力がある。そしてこの年に一度の手紙は、まさに**「深くてシンプルなコミュニケーション」**を体現していると言えるだろう。

　2017年の株主に宛てた手紙で、ベゾスは「スライドを使ったプレゼン禁止」という社内の方針について語っている。アマゾンの幹部は、新しいアイデアを提案するときに、紙の両面6ページに書いた長い文章で表現しなければならない。その文章は共同で推敲され、元の著者の名前は出さずに配られる。政治的な判断をできるだけ避けるためだ。

アマゾンでの戦略ミーティングは、まず全員が6ページの文章を熟読することから始まる。あるアマゾンの元社員は、「今までさまざまな会社で参加してきたミーティングの中で、アマゾンのミーティングがもっとも効果的でエキサイティングだった」と言っている(注24)。自分が参加したミーティングを思い出してみよう。「効果的」とか「エキサイティング」という形容がふさわしいミーティングなどあっただろうか?

ベゾス自身も、これは自分史上最高の決断だったと言っている。自分の考えを文章にまとめるという行為それ自体が、深い思考を要求するからだ(注25)。文章は他者に影響を与えるツールだと思われがちだが、それ以外にも、自分の考えをまとめる最高のツールという側面もある。(注26)

よりよい戦略をつくりたいなら、思いついた段階から何度も文章にすることをおすすめする。真っ白な状態から、十分に時間をかけてアイデアを練り上げていく(数時間ではなく、数日単位だ)。自分の書いたものをチームにも見せ、改良を手伝ってもらう。そうすることで、自分がいないときも、彼らの選択に影響を与えることができるようになる。(コラム「本を使った戦略的コミュニケーション」を参照)。

COLUMN

本を使った戦略的コミュニケーション

著者たちが仕事でこれまで出会った人たちの中で、もっとも戦略コミュニケーションに長けていたのは、１９８０年代にスカンジナビア航空（ＳＡＳ）のＣＥＯを務めたヤン・カールソンだ。世界中のストラテジストにとってありがたいことに、カールソンは自身の経験を『真実の瞬間』（ダイヤモンド社）というすばらしい本に詳しく記録してくれた（注27）。著者たちも、ハーバード・ビジネススクールの授業でこの本からの抜粋を活用している。２万人の従業員を抱える大企業で変革を起こすことの現実を、当事者たちの生の声で学ぶことができるからだ。

カールソンは、戦略コミュニケーションの役割について深く考えた。特に重視したのは、エンパワメント・リーダーシップとの関係だ。

「中央に管理されない数千人もの意思決定者に戦略を効果的に伝え、彼らがさまざまな場面で戦略に基づいて決断できる環境を整えられるリーダーは、他のリーダーたちよりもずっと遠くまで行くことができるはずだ。ただメッセージを発するだけでは不十分であり、すべての従業員が完璧に理解できるように伝えなければならない」（注28）

カールソンがＳＡＳでこれを達成するために選んだ方法の１つは、自分が書いた赤い表紙のブックレットを使うことだ。ブックレットのタイトルは「現場に出て闘おう」だが、しだいに社内では「小さな赤い本」という愛称で呼ばれるようになった。中身はマンガのようになっていて、大きな文字で書かれた短い文章がイラストに添えられている。

ビジネス利用の顧客を喜ばせることを軸に、マーケットを重視した戦略へと移行するという会社の方針が、飛行機のイラストを使って説明されている。この小さな赤い本の物語は3部構成になっていて、まず会社の過去に敬意を示し、次に変化が必要な理由を明確に説明し、最後に明るい未来を提示する。著者たちも、変化が必要なときにこの3部構成が効果を発揮するのを何度も目撃してきた。

カールソンによると、最初は否定的な声ばかりだったという。知的で、高い教育を受けたSASの従業員を、そんなマンガで動かせるわけがないと否定された。しかし実際は、その正反対のことが起きた。小さな赤い本は、経営陣から現場の社員まで全社で歓迎され、「単純であるほど効果的だ」というカールソンの信念が裏づけられる結果になった。

小さな赤い本がデビューを飾った3年後、SASは経営危機を脱し、収益を5倍に増加させた。利益率は業界トップで、顧客満足度も、特にビジネス利用客の間で急上昇した。

著者たちは世界中のエグゼクティブチームと一緒に働き、彼ら独自の小さな赤い本をつくる手助けをしてきた。業界は小売業から医療、エネルギー産業まで多岐にわたっているが、どこでも効果はすぐに現れる（ある多国籍企業は、経営トップがこのエクササイズを行ったところ、長年続いていた戦略の停滞をついに突破することができた）。

あなたも自分の戦略を文章にするなら、とりあえず最初の草稿は３ページまでにすることをおすすめする。１ページ目で古き良き時代をふり返り、２ページ目で変化が必要な理由を説明し、そして３ページ目で明るい未来を描く。イラストなども活用して、家族や、業界のことをほとんど知らない人でも、簡単に理解できる内容にすること。複数のバージョンをつくり、物語が固まったら、そこで初めてより細部を加えて物語に肉付けしていく。

このデジタル全盛の時代に、紙の本や資料を使うことに意味があるのかと思うかもしれない。そんな人には、マーガレット・ザバー・マリスカルの物語を紹介したい。ビジョナリーのマリスカルは、30代でレストランチェーン・モモフクのＣＥＯに就任した。そして従業員が１０００人に到達すると、彼女は従業員に配る「ガイドブック」を作成する。美しい装丁で、ポケットサイズの小さな本だ。

会社がこの程度の規模になると、もうリーダーが隅々まで見ることはできなくなる。自分が不在の状況でも、このガイドブックがあれば、モモフクのレストランが特別である理由をすべての従業員に浸透させることができるだろう（注29）。マリスカルは、不在のリーダーシップを実現するために強力なツールを開発した。そのツールが、時代遅れの紙の本だったというわけだ（ウインク）。

もちろん、リーダーが使えるコミュニケーション方法は言葉とイラストだけではない。いちばんものを言うのは**「リーダー自身の行動」**だ。そこで著者たちは、**自分の身体というメガフォンを戦略的に使う**ことをおすすめしたい。

ハーブ・ケレハーが荷物を他社便に移送してほしいという顧客の要望を退けると、そのニュースは一瞬にしてサウスウエスト航空のすべてのチェックインカウンターまで広がった。どんなメモでもこの速さには太刀打ちできない。ケレハーの行動が、自社の荷物に関する方針を従業員に徹底させたのだ。ステイシー・ブラウン＝フィルポットがタスカーの一員に加わったのも、現場はタスクラビットの成功に欠かせない存在だというメッセージを全社員に伝えるためだった。

東京に拠点を置く楽天グループＣＥＯの三木谷浩史は、社内公用語を英語にするという決断をした。「世界のビジネス言語」を取り入れることが、会社のグローバル化にとって欠かせないと信じていたからだ。三木谷はＣＥＯという地位の力をフルに活用し、従業員の行動をかつてない規模で改革した。著者たちの同僚でもあるセダール・ニーリーが、著作の中で「英語化」と呼ばれるこのキャンペーンについて詳しく書いている（注30）。三木谷がインセンティブとディスインセンティブ（たとえば、英語を使うことを拒否したら降格になる）を駆使した結果、楽天では全社員が記録的な速さで英語を話せるようになった。

おそらく三木谷が取った行動のうち、もっとも影響力が大きかったのは、彼自身が職場で日本語を話すのをやめたことだろう。数十年来の同僚と一対一で話すときも、日本語は絶対に使わなかった。三木谷は、英語に会社の未来を賭けた。そしてそのメッセージは、これ以上ないほど明確に伝わった。

ニーリーはこう言っている。「彼はすべての会話や人との関わりで、自分が思い描いた変化を自ら体現した。これは勇気ある行動であり、彼のコミットメントの証でもある」。

王様は粗末な服を着ている

著者たちの経験から言っても、もっとも効果的に戦略を使いこなすリーダーはみな三木谷的なところがある。自らの戦略を深く内面化することで、力強いメッセージを伝えているのだ。

たとえば、資産運用会社バンガードの元ＣＥＯは、着古してすり切れたスーツと、何度も底を貼り替えたことが一目でわかるくたびれた革靴といういでたちでフランシスのオフィスにやってきたことがある。

彼は本社を出発すると、まず飛行機を何度も乗り継ぐという面倒なルートで移動し、次に空港シャトルバスに揺られ、そして最後は地下鉄を使ってやっと到着した。バンガードのモットーは、金融業界でもっとも安い手数料を顧客に提供することだ。同社はその目標を、顧客が会社を所有するという独自の構造と、全社に浸透した「効率至上主義」の精神によって達成している。

フランシスはその元ＣＥＯに向かって、単刀直入にこう尋ねた。「それはただの演出ですか？　それともあなたは本当にそこまで倹約家なのですか？」。彼の答えは、要約すると「両方です」だった。リーダーシップという挑戦に立ち向かうなら、好むと好まざるとに関わらず、あなたの行動は何らかのメッセージを発することになる。そのメッセージは本当のあなたなのか、それともただの演出なのか？　答えはいつでも「両方」だ。

このバンガード元ＣＥＯとの会話が印象に残っているのは、戦略的なリーダーのあるべき姿を見事に表現しているからだ。**戦略に深くコミットしているリーダーは、朝の服選びさえも戦略的に行う。**それはまた、必要ならいかなる手段を使ってでも、組織をエンパワーして戦略を実行するという決意の表れでもある。くたびれた革靴を履くことでも、外国語を話すことでも、飛行機のイラストを描くことでも、それが目標の実現につながるなら迷わずやるべきだ。それ以上の戦略は存在しない。

そして、どんなにすばらしい戦略でも未来永劫にわたって変わらないわけではない。ほとんどの戦略には賞味期限がある。状況が変われば、それまでは完璧だった戦略でも効果を発揮しなくなることもある。

ライバル会社が製品を改良すれば、その瞬間に「特性マップ」は無意味になる。サプライヤーがイノベーションを起こしたり、顧客が購入の条件を変えたりすれば、その瞬間に「価値のスティック」の横線は流動的になるだろう。多くの会社には年に一度の戦略ミーティングという習慣があるが、もっとも重要なステークホルダーに何らかの変化があったのなら、その変化に対応するまで３６５日も待っていられない。

自分が不在の状態でもリーダーシップを発揮したいなら、まずは正しい戦略が必要だ。その戦略をすべての人に伝え、そして何度もくり返す。

不在のリーダーシップをさらに極めたいのなら、もう１つある組織の強力なレバーを引くといい。そのレバーとは「文化」だ。組織の文化を自分の足かせにするのではなく、むしろ自分の有利になるように活用する。その方法は次の章で見ていこう。

現状分析

自分を知るための質問

☑同僚、または直属の部下、あるいはその両方（あなたがリーダーとして率いる人たち）は、自分の裁量で物事を進めることができるか？　彼らは管理する側の人間から指示されることにどれだけ依存しているか？

☑組織の戦略を、専門用語を使わずにやさしく説明することができるか？　周りの同僚たちもそれができるか？

☑従業員は会社の戦略をどのように学んでいるか？　その学習を強化する新しい方法を思いつくことはできるだろうか？

☑顧客、サプライヤー、従業員の誰もが損をすることなく、組織が勝つ方法を思いつくことはできるか？　会社と主要なステークホルダーの双方のために価値を創造するにはどうすればいいだろう？

第6章 文化——未来を創るリーダーシップ

人々の思考と行動を変えるとき、あなたはコミュニティ——組織と、それを超えた世界——をエンパワーする。

組織を動かすためのレバーの1つが戦略だとするなら、もう1つのレバーは「文化」だ。そしておそらく、文化のほうが戦略よりも大きな声でメッセージを伝えることができる。戦略では伝えきれなかったことがあったなら、それが何であれ、文化は容赦なくその空白を埋めるだろう。リーダーが部屋にいないとき、チームのエンゲージメントを左右するのは文化だ。その組織における本当の物事のやり方は文化によって決まっている。

ミーティングでのふるまいは文化によって決まる。文化によって、すんなり昇進する人と、かなり努力しなければ昇進できない人が決まる。ルールを遵守するのか、それともギリギリのところを攻めるのかも文化によって決まる。情報を共有するのか、それとも独占するのか、問題に目を光らせて改善を目指すのか、それとも首をすくめて現状を受け入れるのかも文化によって決まる。

さらに重要なのは、成長を目指すのか、それとも卓越することを目指すのか、行動か、それとも分析か、率直さを取るのか、それとも体面を取るのか、といった問題だ。戦略もヒントにはなるが、本当の答えを教えてくれるのは文化のほうだ。

文化は組織の隅々まで届いて行動の指針になる。あなたが一度も訪れないような場所や、一度も会わないような人々も、文化から多大な影響を受けている。物流大手のＦｅｄＥｘ創業メンバーの1人であるマイケル・バッシュには、好んで語る逸話がある。それはＦｅｄＥｘ救済の物語だ。（注1）

１９７３年、ＦｅｄＥｘは絶体絶命の危機にあった。破産が目前に迫り、改善策はまったく進展していない。会社の顔であり、創業者兼ＣＥＯのフレッド・スミスは、思いつくかぎりの手は尽くしていた。実際、最後に残った資金をすべて元手にして、ラスベガスで一攫千金を狙ってギャンブルまでしている（驚いたことに、そのおかげで少しは時間稼ぎができた）。しかしスミスは、ついに万策尽きてしまった。

この存続の危機の最中に、ある顧客が泣きながら電話をしてきた。結婚式まで24時間を切っているのに、ウエディングドレスがまだ届いていないというのだ。顧客サービス担当のダイアンという社員がすぐに行動に出た。そのウエディングドレスを追跡して場所を特定すると、小型のセスナ機をチャーターして配達したのだ（ダイアンのフルネームを調べたのだが、特定することはできなかった)。

ＦｅｄＥｘのこの対応は結婚式でも大きな話題となり、招待客の中にいた何人かのエグゼクティブの耳にも届いた。そして翌週、その結婚式にいたエグゼクティブたちが、自社の配送の一部を、この若くて危なっかしい会社に賭けてみることにした。その結果、ＦｅｄＥｘが1日で運ぶ荷物の量は、３個から30個に増加した。これで会社は救われた。

創業当初のＦｅｄＥｘの戦略はシンプルだった——急ぎの荷物を、速く、正確に届ける。しかしスミスと彼のチームには、「ブリーディングパープル精神」があった（ブリーディングパープルとは会社の初期のロゴの色だ）。これは、結果を出すことを第一として、人種、性別、社内の地位に関係なく、すべての従業員を大切にする文化だ。

すべての人が、会社に意義のある貢献をするチャンスとリソースを与えられ、そして貢献することを求められる。

ダイアンの大胆な意思決定によって、ＦｅｄＥｘは生き延びることができた。それが可能になったのは、カリスマ性のあるＣＥＯのおかげでも、明確な戦略のおかげでもない。ＣＥＯと戦略が教えてくれるのは、最終的な目標（荷物を速く届ける）だけだ。文化がなければ、ダイアンの行動力と決断力が解き放たれることはなかっただろう。

文化とは何か？

文化が注目を浴びるのは、文化を変える必要があると認識されるときだけだ。そしてこの気づきは、組織のライフサイクルで考えると、たいてい理想的な時期よりも遅れてやって来る。そのため、気づきまでのタイムラインを短くすることも、ここでの目標の1つになる。話をわかりやすくするために、あなたはすでに自分の組織における文化の問題を認識し、それを変えたいと思っているとしよう。

最初に考えてもらいたいのは、自分の組織の文化を好きなように変えられるとしたら、どこを変えるかということだ。リストの項目は2つ以上になるだろうか？　時間をかけてじっくり考えてから答えを書く。この質問を最初に持ってきたのは、考えることそのものにエンパワーする力があるからだ。たいていの人は、文化は受け入れるしかないものだと考えることがある。経営トップでさえ、自分の力ではどうにもできないと感じてしまうのだ。しかし、それは大きな間違いだ。

では、どうすれば文化を変えることができるのか。それを考えるにあたり、まずはＭＩＴ元教授のエドガー・Ｈ・シャインが提唱した有名な枠組みを見ていこう。

シャインは組織の文化を、「人工物」、「態度」、「共有された基本的な前提」の3つに大きく分類した（注2）。シャインの説得力のある主張によると、人々が、あなたがいないときも含め、安定的にあなたの望むように行動するようになるには、まず安定的にあなたが望むように考えるようになる必要がある。

有名な話だが、デイヴィッド・ニールマンは格安航空会社ジェットブルーを創業したばかりのころ、よく客室乗務員の1人として搭乗していた（注3）。エプロンを着けてコーヒーを配りながら、乗客に「こんにちは、私はデイヴです」と気さくに声をかける。ニールマンのこの行動は、全社に刺激を与えるとともに、組織の「共有された基本的な前提」を強化する働きをした。たとえば、ジェットブルーでは、地位や役職に関係なく、すべての従業員が乗客に奉仕するという前提だ。

ニールマンの行動によって浮上したもっとも重要な前提は、「顧客は人間だ」というものだろう。これは当時としては、どちらかといえば過激な考え方だった。ジェットブルーは、「空の旅に人間性を取り戻す」というミッションを掲げていた。CEOが乗客を人間として扱っているのを見て、すべての人がハッとわれに返った。ジェットブルーに「下級船室」は存在しない。それがジェットブルーにおける本当の物事のやり方だ。

文化を別の言葉で表現するなら、**「何が本当であるかについての組織的な合意」**となるだろう。何が重要なのか、何が危機なのか、何を祝い、何を誇りに思い、何を恥じるのか。さらに文化には、「何をおもしろいと感じるか」といった根源的なことを決める力もある。

ユーモアは普遍的な真実ではなく、文化によって大きく左右される。 たとえばライアットゲームズの改革では、創業当初は「罪のない冗談」とされていた態度が許容されなくなった。若い男性のゲーマーばかりという、どちらかといえば同質的な環境でなら、「見た目をいじって笑いを取る」といった態度も許されるかもしれないが、多様な人が集まる組織ではもう許されない（コラム「そのジョークを言ってはいけない10のサイン」を参照）。

組織文化の枠組みを提唱したシャインは、かつてこんなことまで言っていた。「リーダーの仕事で真に重要な意味を持つものは1つしかない。それは、組織の文化を創造し、管理することだ」（注4）。この言葉に反論するのは難しいが、あえてあら探しをするなら「1つしかない」の部分になるだろう（第1章から第5章を参照）。著者たちの考えでは、文化はたしかに「最重要項目」の候補の1つであり、それはなぜかというと、文化にはリーダーがいなくなって時間が経過してからもまだ残っているという性質があるからだ。

あなたは会社を去るかもしれないが、強固な文化はそれから数世代にわたって生き残る。

ネットフリックスがめざした「一匹狼のイノベーター」が活躍できる環境

文化にはまた、影響が及ぶ範囲がとてつもなく広いという性質もある。あなたの組織だけでなく、その外側にも広がっていく力を持っている。文化は、それに触れた人を変える。そして文化によって変わった人は、今度は自分が触れる人を変える。

　スターバックスの店内に入ったときに明るく前向きな気分になったことがある人、あるいはチェーン店ではなく個人経営のカフェを選んでより洒落な気分になったことがある人なら、文化にはそれに触れる人に影響を与える力があるということが理解できるだろう。リーダーとしてのあなたの野心が、自分の影響力を最大化することであるなら、文化の戦士になる方法を学ぶ必要がある。

　この地上に存在した文化の戦士たちの中で、もっとも効果的に文化を活用したリーダーの１人は、ネットフリックス元チーフ・タレント・オフィサーのパティ・マッコードだろう。ネットフリックスの会議室に掲げられたバリューステートメントの中に、中身のない空疎な言葉は１つも存在しない。マッコードがそれを許さないからだ。

　ネットフリックスが巨大メディアに成長する過程で、マッコードは会社がもっとも重視する９つの態度を明確に定義し、それらを採用、報酬、退職に関するすべての決断に適用した。彼女は新人を採用すると、まず有名な「１００枚のスライドのプレゼンテーション」を使ってネットフリックスの独自の文化を教える。

　それからも、たとえば同僚同士のフィードバックを控えてしまうような場面があったら、もっとも重視する態度の８番目である「正直さ」を思い出させるというように、継続的に価値の浸透を図っていく（シェリル・サンドバーグは、「ネットフリックスのカルチャーデック」として知られるマッコードのスライドを、「シリコンバレーから生まれた史上もっとも重要な文書」〔注5〕と呼んでいる）。

マッコードはさらに、同僚やチームメイトがネットフリックスの文化に反する行動をしていたら、それを指摘することも従業員に求めている。この行動に必要なのは、6番目の態度である「勇気」だ。マッコードはネットフリックスのチーフ・タレント・オフィサーとして10年以上働いた。そして彼女が去るころになると、ネットフリックスはまさに彼女とCEOのリード・ヘイスティングスが思い描いた組織になっていた。好奇心旺盛（4番目）で、革新的（5番目）で、情熱的（7番目）な組織だ。

マッコードのカルチャーデックが公になってから間もなく、ネットフリックスは人気ドラマシリーズ『ハウス・オブ・カード　野望の階段』の最終シーズンの撮影中止を発表した。主演俳優のスキャンダルが発覚したからだ。ネットフリックスのこの態度により、世界中のコンテンツ消費のあり方が永遠に変わることになった。〔注6〕

マッコードが文化の構築で目指していたのは、高パフォーマンスで、創造性にあふれるリーダーを引き寄せることだった。彼らに自由な環境を与え、その中で思いっきり能力を発揮してもらう。マッコードの考えでは、そのような人材は自分を律し、自分でモチベーションを高めることができ、自分の能力を自覚しているので、自由な環境で働く資格がある。

マッコードが「一匹狼のイノベーター（イノベーター・マーヴェリック）」と呼ぶ彼らは、ありきたりの役割や、組織の枠にはめられることを心の底から嫌っている。

自分の裁量で行うことに関しては、誰からも指図は受けたくない。そして当然ながら、会社のハンドブックを読むことなど、彼らにとって時間の無駄でしかない。それどころか、休暇や経費の規程までわずらわしく思っている。そのためネットフリックスは、そういった彼らを縛る規則を基本的に排除した。会社の経費の規程には、ただ単に「ネットフリックスにとって利益となる行動」とだけ書かれている。

マッコードは、こういった独立独歩の人材を引き寄せるために最善を尽くし、そして採用してからは自由に活動させた。組織の文化がきちんと確立されていれば、彼らはそれを指針に自分の行動を決めることができる。彼女も、ＣＥＯのヘイスティングスも、彼らの仕事に口出しはしなかった。他の幹部にも口出し無用を徹底した。

言い換えると、ネットフリックスの経営陣は、しばしば意図的に不在になっていたということだ。彼らはただサイドラインに立っている。そして自由を愛するネットフリックス社員も、まさにそれを望んでいた。

このネットフリックスのモデルは、リーダーシップの基盤となるもう1つの真実を明らかにした。それは、**もっとも優秀な従業員の中には、あなたがいつも部屋の中にいることを望まない人もいる**ということだ。文化が確立されていれば、あなたは安心して部屋を出ることができるだろう。

COLUMN

そのジョークを言ってはいけない10のサイン

このコラムではあえて厳しい態度をとりたい。なぜならユーモアは依然として、多くの組織で混乱の元になっているからだ。最初に断っておくと、著者たちも笑いの重要性は認めている。人間であるということの理不尽な境遇（しかも、毎日仕事に行かなければならない）を生き抜くには、笑いがどうしても必要だ。

とはいえ、リーダーシップの役割にある人がユーモアを使うのは大学スポーツと同じだ。レギュラー入りできるのは本当にうまい人だけ。それ以外はベンチを温めていたほうがいい。次の10のサインのどれかがあてはまるなら、あなたはまだレギュラーになる準備ができていないということだ。

1、最近「ただの冗談だよ」というセリフを使ったことがある

職場のユーモアが受け入れられるのは、言ったほうに悪意がないことが明確である場合だけだ。「冗談だよ！」というような弁解が必要になることが多いなら、あなたは越えてはいけない一線を越えている可能性が高い。たいていの場合、あなたが言うべきセリフは「ごめんなさい」だろう。

2、言う前に聞いている人の顔ぶれをたしかめる

聞き手の顔ぶれを確認してから言うかどうか決めているなら、おそらくそのジョークは職場でわざわざ言うに値しないだろう。親しい友人や家族など、あなたをよく知っていて、悪意はないと解釈してくれる人たちだけに披露したほうがいい。とはいえ、いくら親しい間柄だからといって甘えすぎるのも禁物だ。

3、聞き手の表情や態度が微妙だ

聞き手が笑っているからといって安心せず、表情や態度を観察することも大切だ。あなたから離れたり、目を背(そむ)けたりしていないか？　この質問に自信を持って答えられないのなら、しばらくユーモアはお休みにしたほうがいい。

4、ジョークのオチが誰かの身体的な特徴だ

誰かの身体的な特徴を笑いものにするのはもっとも許されないジョークであり、最近はボディポジティブ・ムーブメント（ありのままの肉体をポジティブにとらえようという運動）などによって世間の意識も高まっているが、まだ完璧とは言えない。著者たちはごくシンプルなルールを提案したい。誰かの身体的な特徴に関して思うことがあっても、一切口には出さないというルールだ。ストレートの男性同士だからといって、相手の身長、体重、頭髪、ジム通い、洋服の着こなしについて、あれこれ言っていいことにはならない。

5、まず自分が大声で笑わないと聞き手にジョークだとわかってもらえない

ユーモアはそれ自体で人を笑わせる力を持つべきだ。あなたの助けは必要ない。自分が笑わないと聞き手も笑わないことが多いなら、あなたのユーモアには問題があると考えられる。

6、「早すぎちゃった?」というオチに頼りすぎている

正直に告白すると、これは著者たちもかつてよくやってしまっていた。誰かの失敗や気まずい経験をジョークのネタにして、まだ笑い話にできる時期ではないという意味で「早すぎちゃった?」とオチをつける。うまく決まるとたしかにおもしろいのだが、このオチに頼りすぎているなら、あなたは他人の痛みに対してあまりにも鈍感になっているかもしれない。

7、あなたのジョークは「いたずら」を伴う

ここではごくシンプルに、「職場ではやってはいけない」とだけ言っておきたい。あなたが人気コメディアンで、自分のトークショーを持っていて、10年以上にわたってさまざまな背景の視聴者を笑わせてきたという実績があるなら話は別だ。しかしそうではないなら、観葉植物の陰に隠れて同僚をおどかすようなことはやめたほうがいいだろう。

8、会社の創業当初はいつも自分のジョークがウケていた

まだ会社の規模が小さく、似たような属性の人しかいなかった時期ならウケていたジョークも、会社の成長とともに受け入れられなくなることもある。組織の文化は変わるものであり、文化の一部であるユーモアもまた、会社が成熟し、メンバーが多様になるのに合わせて進化するべきだ。

9、ジョークの聞き手としての態度が安定していない

許容されないジョークだとわかっていても、周りが笑っているとそれに合わせて笑ってしまう傾向があるなら、あなたの直感はあまり頼りにならないと判断できる。すべてのジョークの聞き手へのアドバイスだ。あなたも共犯だという印象を周りに与えてはいけない。苦言を呈するなんてできないというのなら、ただその場を離れるだけでもかまわない。何もしないのは、そのジョークを許容したのと同じことだ。

10、他人を笑いものにするようなジョークが多い

言うまでもないことだが、正しい職場のユーモアには、場を明るくする、絆を深める、アイデアのきっかけになるといった働きがあり、しかも誰のことも傷つけない。

誰かを笑いものにするジョークは簡単だが、それをやると、相手を傷つけ、さらに組織の文化も傷つける。この行為にはさまざまな害があるが、個人の境界線とウェルビーイングは気軽に侵害してもいいものだというメッセージになることもその1つだ。

「価値の兵器化」に気を付ける

２０１７年になると、ウーバーの文化を変えなければいけないという機運は最高潮に達していた。当時のＣＥＯのトラビス・カラニックも、その機運に気づかないわけにはいかなかった。

マイク・アイザック著の『ウーバー戦記：いかにして台頭し席巻し社会から憎まれたか』（草思社）にも書かれているように、カラニックは急死した母親の葬儀で休暇を取っている間に、社員に向けたメールの文面を練っていたのだが、結局それを送信することはなかった。[a]

メールの内容は、謙虚な姿勢と思慮深さにあふれていた。その年の春の初めに著者たちが知るようになったカラニックと同じ印象だ。メールの冒頭で、彼はウーバーの文化の悲惨な現状について述べている。「この7年間でわが社は大きく成長した――しかし、大人にはなりきれなかったようだ」。（注7）

カラニックは、ウーバーの文化の問題は自分の責任だと認めた。成長のためならすべてを犠牲にする姿勢や、ステークホルダーとの関係を損得勘定のみで判断する姿勢も、すべて自

（a）この時点で、ウーバーの取締役会はすでにカラニックを解任する手続きを始めていた。

分の責任だと引き受けた。他に類を見ない大成功を可能にし、ウーバーを世界でもっとも価値のあるスタートアップに押し上げた文化には、予期していなかった落とし穴もあった。「わが社の価値の裏にはたくさんの善意がある」と彼は書いている。しかし、彼も認めているように、その多くが曲解され、悪用されることになった。そしてカラニックは、この現象を「価値の兵器化」と呼んでいる。メールが送信されていたら、この呼称は世間の注目を集めることになっただろう。

「兵器化」という言葉は、深刻な状況でなくてもよく気軽に使われるが、ウーバーの場合はまさに深刻な状況だった。ここで、著者たちが考える「価値の兵器化」の定義を紹介しておこう。それは、組織が掲げる価値を、誰かの力を奪うため、あるいは極端なケースになると誰かを傷つけるために利用するということだ。これは、価値を兵器化する人の利益しか考えていないという点で、リーダーシップの対極にある。

兵器化された価値は、昔と変わっていないふりをしながら、実は新しい信念というドレスを身にまとっている。組織全体の合意を得ることなく、「何が本当であるか」の定義を変えている。

たとえば、以前に著者たちが一緒に仕事をしたある企業では、核となる価値の1つとして「信頼を初期設定とする」という言葉を掲げていた。これは、お互いに相手が善意であると信頼するという意味であり、尊い姿勢であることは間違いない。

しかし次第に、健全な反論を封殺する手段として利用されるようになってしまった。直属の部下がプランに疑問を呈したり、違う視点を提案したりすると、マネジャーが「信頼を初期設定にする、だよ」と返すのだ。

「現場の警告」を見逃さない

ウーバーの文化に兵器化された部分があるのは明らかだった。カラニックがフランシスに助けを求めた理由の1つもそこにある。著者たちは今でも、依頼の電話がもっと早く来ていたらどうなっていただろうと夢想することがある。もしかしたら、ウーバーが経験することになった痛みのいくつかを未然に防ぐことができたかもしれない。

著者たちの経験から言えば、**価値の兵器化というパターンが現れるのは、すでに不健全な文化が蔓延している証拠**だ。適切なツールがあれば、こうなってしまう前に文化の劣化を検知し、文化を変えることができる。この段階で修繕できれば、スケルトン状態にするフルリノベーションが必要になることもないだろう。

組織が文化の危機に陥っていることはどうすればわかるのか。ありふれた答えで申し訳ないが、それは「人々が教えてくれる」だ。スーザン・ファウラーは、ウーバーの特異な文化の中ですごした1年が終わると、まず社内で自身の経験を報告した。ブログで告発するのはそれからしばらくたってからだ（注8）。著者たちの知るかぎり、彼女の報告はカラニックまで伝わらなかった。しかし、ファウラーをはじめ、文化に警告を発する人たちがいたおかげで、現在は現場からの警告がそれを聞く必要のある人のところまできちんと届くようになっている。「組織の文化」という概念が広く知られるようになったことも一助になっているだろう。現在は多くの職場が、人材獲得競争の中心に「文化」を掲げている。優秀な人材は価値観の合う職場で働きたいと思い、その希望を躊躇なく口にするようになってきた。

自分の会社は文化に問題がありそうだと感じているなら、ここは毅然とした態度で臨まなければならない。ただ「うちの文化はどうだろうか？」と尋ねて回るだけでは何の効果もない。シャインの主張が正しく、これがリーダーにとっていちばん大切な仕事なんだという確信を持ち、答えを追い求める必要がある。

この対話で目指すのは、理にかなった仮説を立て、その仮説を組織的にテストすることだ（この章の後で登場する「文化を変えるためのプレイブック」〈296ページ〉を参照）。小さなグループでのディスカッションや、一対一の対話など、従業員が気軽に話せる環境をつくり、そこで彼らの本音を集めていく。

文化を変えるために効果的な「質問」

最初に話を聞くのは思いやりのあるメンバーがいいだろう。他者の経験に寄り添い、気持ちが理解できる人たちだ。また、**本音を話すことで知られている人や、失うものが何もない人からも話を聞く。**退職者との面接で、必ず文化のことを話すようにする。

（著者たちが考える、退職者との面接でもっとも役に立つ質問は次の通りだ。「私はこの会社の文化を心から気にかけている。あなたから見て、そんな私が知っておかなければならないようなことはあるだろうか？　あなた自身の経験でも、他の人の経験でも、何でも話してもらいたい」）

相手の地位や職務など、社内での経験に影響を与える要素も考慮しながら、本当のところを探り出す。相手が正直に話していないと信じるに足る理由があるのなら（たとえば、心理的安全性を保証してくれるような文化ではない、など）、何があっても相手を守れるように手を尽くさなければならない。

直感に磨きをかけるとともに、次にあげる会話のきっかけも活用してみよう。どれも実際に効果のあった言葉だ。

・わが社の文化は社員たちが成功する後押しになっているだろうか？　逆に文化が社員たち

の足かせになっているようなケースはあるだろうか？

・わが社の価値や、お互いへの約束のうち、「空っぽ」になっているものや、さらには「兵器化」されてしまっているものはあるだろうか？

・わが社の文化は、現在のわが社にとっての挑戦やチャンスとどれくらい合致しているだろうか？

・わが社のもっとも野心的な目標を達成するには、今の文化をどのように変えればいいか？

この「直感を磨く」過程で難しいのは、もしかしたら「聞く」ことかもしれない。相手が話してくれることをただ聞くのではなく、本当の意味で耳を傾ける。

そのときに必要なのは、人類学者のような好奇心と、リーダーとしての確固たる責任感だ。他者の経験はすべて自分の責任だという気持ちで聞く。自分がいるときはもちろん、いないときもそうだ。自分のエゴを忘れ、言い訳や自己弁護もがまんする。ここでいちばん大切なのは、文化の変化が必要だと自分を納得させることだ。自分が納得していなければ、他者を納得させることはできない。

COLUMN

自分の問題を検証する

はっきり言おう。あなたの組織に根づいている慣習は、何もないところから突然生まれたわけではない。たいていの場合、組織の文化を形づくっている個人の経験から生まれてきて、それが彼ら自身の態度を決める原動力にもなっている。言い換えると、「何が本当か」についての組織内の合意は、組織を率いるリーダーたちの思考や感情、個人史によって決まっているということだ。

著者たちの知るかぎりでもっとも効果的な文化のリーダーたちは、**自らの経験を出発点としているが（ここが肝心なところだ）、経験にとらわれることはない。**自分が人生から学んだことは、たしかに自分なりの考え方や態度となってさまざまな勝利や敗北の原動力にはなってきたが、現在の会社の文化とは相容れないかもしれないという事実を、オープンな態度で受け入れることができる。

たとえばカラニックは、「毎日が博打（ばくち）だ」という価値を掲げていた。著者たちも、これと似たようなものを、まだ創業者が社員の一員として働いているような若い会社でよく見てきた。この態度もよく理解できる。頭の中にあったアイデアを、実際に成功した会社にまで成長させるのは、誰にでもできるようなことではないからだ。それを達成できた起業家は数えるほどしかいない。そして成功した起業家は必ず博打を打っている。

それなら、誰もがそうするべきではないだろうか？

そうではない理由はいくつかある。たとえばあなたの会社は、すでにより組織的な経営が必要な段階に達しているのかもしれない。あるいは、ある特定のチーム（たとえば法務担当のチーム）が、文化のくびきを離れて新しい考え方を取り入れる必要があるのかもしれない。顧問弁護士という立場なら、つねに走り回って博打を打つのではなく、むしろ立ち止まり、すべてのステークホルダーの利益を守る方法を真剣に考えなければならない。

ここで大切なのは、柔軟な態度を身につけ、自分の経験から学んだことが組織の要求と合わなくなってきたときは、迅速に方向転換できるようにしておくことだ。自分の経験という枠組みの中だけでプレイすることを拒否すれば、あなたはリーダーとしての自分を解き放つことができる。

この種の俊敏さを発揮するには、自分の思い込みや、自分が及ぼす影響力を自覚する必要がある。これはリーダーにとって、もっとも難しい仕事の1つだ。著者たちの考えでは、この自覚への処方箋でカギになるのは謙虚な気持ちだ。つまり、週末を使った自己研鑽のための集中勉強会が楽しくてたまらないという人もいれば、地獄の苦しみだと感じる人もいるということだ（著者たちはそれぞれがこの両極端に当てはまる）。あなたがどちら側の人であれ、自覚のプロセスでは他の人の助けも借りたほうがいいだろう。自分

のパターンはなかなか自分では気づきにくいからだ。（注9）
　とりあえず今は、「文化の戦士」となって再び最前線に立つ前に、まず自分という人間を落ち着いて検証してみよう。ほんの短い時間でもかまわない。自分個人の「文化」に、シャインの枠組みを当てはめてみる。そのときに便利な質問をいくつか紹介しよう。ここでの目的は、最終的な答えを出すことではなく、自分と組織を意識的に切り分けて考えられるようになることだ。

・自分がリーダーとして成功するうえでもっとも重要だった態度や考え方は何か？　成功の秘訣についてインタビューを受けたら、あなたの答えに出てくるのはどの態度や考え方だろう？
・それらを標語のように書いてみる。たとえば、「速く動く」、「安住するな」、「ハングリーでいろ」などだ。標語をオフィスに飾るところを想像すると楽しいかもしれない。どんなデザインがいいだろうか？（空を飛ぶ鳥！　朝焼けの中で力を合わせてボートを漕ぐ人たち！）。どんな言葉を使い、どんな画像を使うだろう？
・それらの標語は、現在の会社が直面している挑戦とどれくらい合致しているだろうか？　標語とずれているかもしれない挑戦やシナリオはあるだろうか？　社内で先ほどデザインしたポスターを貼りたくない場所はあるだろうか？

・リーダーとして未来に残したい影響を考えたとき、今の自分の態度や考え方のうちもっとも大切なものは何か？　自分はもっと進化する必要があるのか、それとも今の自分をすべて捨てるべきなのか？　何か足りないものはあるか？

カラニックはあのメールの中で、絶対に変えると約束した自分の態度について書いている。「私は共感よりもロジックを優先していた」、「すべての意思決定を損得勘定で判断していた」、「私は基本的に、ただ生き残るためにもがいていただけだった」。そしてそれに続く文面で、自分の個人的な世界観が増幅され、それがウーバーという組織全体に投影されていたことを認めている。「私は小さく行動することによって成功した」と、カラニックは書いている。「しかし、大きくなることに失敗した」。

かつて自分を成功まで引き上げてくれた行動と、その成功を維持して成熟するための行動、理想のリーダーとしての影響力を発揮するための行動は違う。この両者の間にある緊張関係は、誰もが経験することだ。「テック業界の悪童」と呼ばれていたトラビス・カラニックでも、それを乗り越えることができた。だから誰にでもできるはずだ。

カラニックが掲げていた価値のうち、ダラ・コスロシャヒが新CEOに就任して最初にお役御免になったのは、あの悪名高き「他人の足を踏む」という金言だ。[b] コスロシャヒは、多くの人に読まれたリンクトインの投稿で次のように説明している。「本来『他人の足を踏む』という言葉は、すべての従業員が地位や役職に関係なく自分のアイデアを発表するのを後押しすることを目的としていた。しかし実際のところ、人でなしになることへの言い訳として利用されてばかりいた」。(注10)

そして彼は、同じ投稿の中で、ある不都合な真実についても認めている。それは、ウーバーを成功に導いた考え方や態度は、そこから先にある「安定と繁栄」には導いてくれないということだ。

この緊張関係は、テック業界のスタートアップに限らず、ごく一般的に見られる現象だ。むしろ、ほぼすべての組織でこれと似たような緊張関係があると著者たちは信じている。実質的に、著者たちが知るすべての会社が、現在の現実に合わせてアップデートが必要な考え

(b) カラニックによるオリジナルバージョンは「メリトクラシーと他人の足を踏むこと」だった。本人はこの言葉が意味するところについて、50ページに及ぶ文化に関する文書の中で詳細に説明している。カラニックによると、この言葉の真意は、どんな役職や地位であっても優れたアイデアを出すことは可能であり、地位の低い従業員も積極的に上役の「足を踏んで」アイデアを発表するべきだということだ。

方や態度にまだ頼っている状態にある。

あなたも自分の組織をふり返ってみよう。**組織の文化のうち、今の時点でプラス点よりもマイナス点のほうが大きくなっている部分は何だろう？　ここに到達するまでは役に立ってくれたが、この先のあそこへ行くにはむしろ邪魔になる文化はあるだろうか？**（コラム「自分の問題を検証する」〈285ページ〉を参照）。

ライアットゲームズの魂を探す旅

2018年の夏、ライアットゲームズの経営チームは、現代のCEOなら誰もが恐れる悪夢を経験した。朝目を覚ましたら、自分たちの率いる組織で性差別が蔓延する崩壊した文化が発生したというニュースが世界を駆け巡っていたのだ（注11）。その数日後、ライアットは公式の謝罪文を発表し、問題の根源を探って対処すると約束した。（注12）

ライアットの大ヒットゲーム「リーグ・オブ・レジェンド」のプレイヤーの間では、ライアットは顧客を大切にする企業として有名だった。しかし今度は、その献身の対象を従業員にも広げなければならない。ライアットの変わりたいという意志は本物だった。だから著者たちも、彼らと一緒に働くことに同意した。ライアットがここに到達するまでは役に立ってくれた態度や考え方は、もはや有効ではない。本格的なオーバーホールが必要なことは、経営チームもよく理解していた。

経営チームが最初に行ったのは、積極的に話を聞くことだ。あの記事が出てからの数日間、チームは数百人もの従業員、通称「ライアッター」に会って話を聞いた。少人数で集まり、会社の問題について意見を出し合う。話し合いはしばしば感情的になり、その中から浮かび上がってきたのは、社内にはびこる「ブロカルチャー」に対する不満だった（ブロカルチャーとは、男性同士だけで強く結びつき、男性だけがおもしろいと思う話題だけで盛り上がるような文化をさす。「ブロ」は「ブラザー」のこと）。

創業当初のライアットはごく小さな会社で、従業員はたいてい好き勝手に動いていた。ゲーム業界では弱小企業の扱いだったが、同じゲーマー仲間たちのためにいいゲームをつくりたいという情熱に突き動かされていた。初期の「ライアット・マニフェスト」を読むと、「伝統に異議を申し立てる」といった威勢のいい言葉が目立つ。

しかし、会社が成長し、数千人の従業員を抱えるようになると、この言葉の背景にある文脈は消えていった。「伝統に異議を申し立てる」は、いつしか「すべてのことに異議を申し立てる」に変わっていった。また「真剣に遊ぶ」という言葉は、真のゲーマーとみなされない同僚を疎外する根拠として利用されるようになった。真のゲーマーかどうかを判断する基準は極めて主観的で、女性が真のゲーマーと認められることはめったになかった。

聞くことに加えて、ライアットの経営チームは全社を対象にした調査を実施した。質問を考えたのは新しく結成された文化変革チームで、基本的に、ライアットが長期にわたって良質なゲーム体験を提供するために必要な文化について尋ねている。調査はごくシンプルで、質問はたったの3つだ。

・どのようなコアバリュー（核となる価値）があれば、ライアットが理想的な企業文化を促進できるようになると思いますか？　思ったことを好きなように、具体的に書いてください！

・あなたが描写した理想の文化をあなたが経験することができないのは、ライアットの現在の文化のうち、どの要素が足かせになっているからだと思いますか？

・あなたが描写した理想の文化を他の人たちが経験することができないのは、ライアットの現在の文化のうち、どの要素が足かせになっているからだと思いますか？

従業員たちの答えは率直で生々しかった。多くの人が現状への不満を訴え、より協力的な職場環境を強く求めていた。回答者の多くが、会社の創業時のビジョンを拡大し、より包摂的にするべきだと考えていた。ライアットが掲げる野心的な目標を達成するには、職場の多様性が欠かせない。そして多様性を実現するには、創業時の価値観を状況に合わせて変えていく必要がある。

ある回答者は、より大きく成長したライアットの理想像を次のように書いていた。「私の考える理想のライアットは、プレイヤーに忘れられない体験を届けるという共通の目標に向かって、すべてのライアッターがひとつになれるような場所だ。（中略）ゲームへの情熱で全員が結びつき、みんなで同じゴールを目指しているが、それと同時に多様性が私たちの強みでもある。どのライアッターにも独自の豊かな経験があり、考え方がある。そして誰もが平等の発言権を持っている」。（注13）

そして最後に、すべての従業員が文化の「ビジョニング」のセッションに招待された（参加は任意だ）。参加者はまず、創業当初のマニフェストを読み直す。これはとても象徴的な意味を持つエクササイズだ。会社の文化をもっとも象徴する人工物は、やはり何と言ってもマニフェストだろう。

そして参加者は、エクササイズの一環としてこのマニフェストを変えることを求められる。もし必要なら、完全に破棄することもあるかもしれない。参加者はペンを握りしめ、紙に向かうと、自分とチームメイトのためによりよい文化をデザインしていく。大きく花開くチャンスがすべての人に平等に与えられているような文化だ。

著者たちにとっては意外だったが、ほとんどのライアッターは、当初のビジョンの核となる部分は守ることを望んでいた。ライアットの創業理念は、本来の形で実現されるのであれば、まだ現在でも十分に通用すると彼らは考えていた。ライアットはすでに、業界の革命児というだけでなく、業界をリードする存在にもなっていた。創業時の価値を、そんな現在の姿に融合させればいい。

現在のライアットに必要なのは、イノベーションを起こし、なおかつ卓越した実務能力を発揮することだ。創造性を大切にし、なおかつ広い範囲にわたって協力することだ。ゲームのプレイヤーを大切にし、なおかつ従業員もお互いを大切にすることだ。かつてはこれらの両立ができていなかったが、現在のライアットにそれは許されない。

最初の記事が出てから数カ月たった12月、ライアットの経営チームは会社の新しい文化的価値を従業員に向けて発表した。「マニフェスト」という言葉には、どこか革命の熱気を思わせる響きがあるために、今回は使わなかった。しかしその中身は、馴染みのある言葉が並んでいる。プレイヤー体験は、依然として会社にとっていちばん重要な価値だ。しかし、信頼を損なったり、排除を正当化したりするような言葉は除外されている。中でも人々が特に重要だと感じたのは、「共に繁栄する」という新しい宣言だ。

このアップデートされた価値によって、会社の文化を変える際の優先順位が明らかになった。そして変化の中には、新しいチーフ・ピープル・オフィサー（最高人材開発責任者）とチーフ・ダイバーシティ・オフィサー（最高多様性責任者）の就任も含まれる。この新しい幹部

２人（２人とも女性で、１人はピープル・オブ・カラーだ）が、すべての採用とパフォーマンス管理システムを評価することになる。また２人は教育にも投資し、包摂的で高パフォーマンスのチームをつくる方法を全従業員に学ばせた。２人のミッションは、会社が新しく掲げた高い理想に見合った現実を創造するのを助けることだ。

著者たちがもっとも興奮したのは、ライアットが掲げた「包摂」という目標が、組織の枠組みをも超えていったことだ。ライアットのリーダーたちは、「帰属」という価値を社内で促進しながら、「包摂」の姿勢を社外にも広めることに、さらに力を注ぐようになった。ゲーム業界では、ライアットが先頭に立ち、多様性と包摂（Ｄ＆Ｉ）の専門家を集めたワーキンググループが設立された。そしてライアット自身も、自社のゲームの内容に多様性と包摂を反映させようと努力している。

彼らのゲームをプレイする人は、１カ月で８０００万人以上にもなる。ゲームの世界の創造で大切なことはたくさんあるが、ユーザーの数を考えれば、多様性と包摂を重視する要素の１つにするのは当然のことだ。その結果、ライアットのゲームでは、女性キャラクターやピープル・オブ・カラーのキャラクターがより重要な役割を与えられるようになった。ゲーム世界のスピンオフに、クィアのラブストーリーが描かれるようになった。ライアットの献身的なＤ＆Ｉチームに、製品の包摂性を担当するフルタイムの役職が加えられた。著者たちの知るかぎり、この役職が存在するのはライアットだけだ。

ライアットは多様なチームをつくってきた自社の歴史に誇りを持っているが、それらの努力が新しい反響も生み出した。文化の変化には、「抑え込みは不可能」という一面がある（これは著者たちがもっとも好きな一面だ）。ライアットの努力によって、その一面の正しさがさらに証明されたのだ。文化はそれが触れる人たちを変え、そして文化の変化は人々を生まれ変わらせる。ライアットのたぐいまれな文化の旅に触れた人々は、彼ら自身もまた、文化の戦士に生まれ変わった。

文化を変えるためのプレイブック——直観を磨く4つのステップ

ここまで読んだあなたは、教育的なヤスリを十分にかけられ、かなりなめらかになった状態だろう。まったく新しいコーティングをかけられる準備が整っているはずだ（これはフランシスのお気に入りで何度も使っている比喩表現だ）。

ここで、この章の最初に登場した質問を思い出してみよう。**自分の組織の文化を好きなように変えられるとしたら、あなたはどこを変えるだろう？**

文化を変えるための具体的な行動についてはこれから見ていくが、その前に、直感を磨くステップを再び実施してもらいたい。この章のはじめで紹介した会話とフォーカスグループを活用し、自分の組織には本当に文化の問題があると確認することが必要だ。

組織の問題のすべてが文化的なアプローチで解決できるわけではないが、文化の問題にはすべて組織的な解決策が存在する。言い変えると、すべての文化の問題は、どんなに複雑でセンシティブな問題であっても、こまかく分解して解決できるということだ。

そのプロセスは、あなたがリーダーとして日々行っている仕事と比べて、特に難しいというわけではない。自分の中にあるもっとも楽観的な部分を表に出し、「なせばなる」の精神で取り組もう。

準備ができたら、いよいよ「プレイブック」の登場だ。行動することで、「正しい情報を得て確信している」という状態から、「組織全体に影響を与える」という状態に移行することができる。次に紹介する一連の行動は、著者たちがこの仕事を10年続ける過程で開発したものだ。

ステップ1　壊滅的なデータを集める

まずは文化の変化によって解決する必要がある問題を描写する。安全性がないがしろにされているのだろうか？　ある特定のデモグラフィックだけが優遇されているのだろうか？　会社全体が慎重になりすぎているのだろうか？　儲け第一主義に走っているのか？　自己満足に陥っているのか？

つまり「壊滅的な」データとは、問題の観察できる部分のことだ。王国が万事順調ではないことを示す確固たる証拠だ。データを集め、後で進捗状況が計測できるような形で保存しておく。

ステップ2 情報を誰にも話さない（今のところは）

発見した問題をすぐに発表したくなるかもしれないが、ここはぐっと我慢する。透明性がますます重視される今の時代、このステップは直感に反するかもしれない。しかし、前に進むための生産的なプランを提示できていない状態で、文化の問題に関するデータを公表してしまうと、組織はあっという間に勢いを失ってしまう。

善意の人たちは、データは正確なのか、量は十分なのかといったことをひたすら話し合い、そして誰もがイライラを募らせていく。著者たち自身も、実際にそんな例を数多く見てきた。中には何年も停滞してしまった組織もある。

証拠を広く公表するのは、ステップ3に十分な人が集まってからだ。今のところは、知る必要のある人たちの間だけでとどめておこう。

ステップ3　厳密で、楽観的な実験プランを作成する

文化の変化を成功させる実験プランには、３つの欠かせない要素がある。それは、**「意図」、「デザイン」、そして「実行」だ。**

最初に必要なのは、成功は可能だということを示そうという「意図」だ。問題は（比較的）迅速に解決でき、真面目に働いている人たちに害はないということを、組織に向かって示さなければならない。この時点で、誰かを非難するのが目的ではないということを明確にして、周りを安心させておく必要があるかもしれない。あなたの目的はあくまでも、組織の潜在能力を解き放つことだ。

ここでの前提は、経験豊かで、真摯に働く従業員であれば、合理的な選択をするということだ。このプランが成功すれば、それらの従業員はさらに合理的な決断をするようになるだろう。これが「楽観的」の部分だ。

次に「デザイン」の段階に入る。まずこの実験プランを実行するリーダーシップチームを選ぶ。選考基準は、行動力があることと、問題を深く、直感的に理解していることだ。そしてチームとして、文化のどの部分を変えたいのか、それをどのように変えるのかを決める。

ここでもまた、シャインの枠組みを思い出し、問題行動を生み出している原動力を探って

いく。人々はどんな前提に基づいてそのような行動をとっているのか？　その前提を変えるにはどうすればいいのか？　著者たちの経験から言えば、もっとも永続性のある変化は、究極的にマインドセットを変えている。とはいえ、今の時点では、直接的な態度の変化や、人工物を変えることにも効果が期待できるだろう。

次の「実行」の段階に進んだら、可能なかぎり創造的で大胆になってもらいたい。さまざまな条件で、よく考えられた実験をくり返していく。ここで「自分に甘い」という批判が出ないように、あえて難しい状況を選ぶことをおすすめしたい。最初から難しい挑戦をして学習曲線を急上昇させれば、懐疑派も味方につけることができる。

そして最後に、自分のしたこと、学んだことをすべて記録する。データを集め、それを説得力のある物語の根拠として活用する。

データの中に、成功はどのような形で現れているか？　心理的安全性の高い文化を築いたことをデータによって証明できるか？　信頼の文化、包摂の文化についてはどうか？　この「実行」の段階の終わりまでに、これらの質問に答えられるようになっていなければならない。

ステップ4　解決策に全員を巻き込む

　ここまで来れば、すべての人にいいニュースを伝えることができる。たしかにわれわれには文化の問題があるが、同時に厳密で、証拠に基づいた解決策も持っている、というニュースだ。

実験を行う前と後のデータを公表し、さらに実験中に自分がしたこと、学んだことを詳しく報告する。組織全体が楽観的になり、前に進んでいけるようにする。罰を受ける集団をつくらず、冷笑的な動機も排除する。組織全体で広く参加を募り、より大きく、よりよい解決策を目指す。

　何か魔法のようなことが起こるのは、たいていこの段階だ。より高度の創造性が発揮され、行動が加速する。すべて実験チームだけでは不可能だったことだ。これが、才能が解き放たれた状態のあなたの会社だ。思う存分楽しもう（コラム「ハーバード・ビジネススクールでプレイブックを活用してみた」を参照）。

COLUMN

ハーバード・ビジネススクールでプレイブックを活用してみた
――変化に必要なエネルギーと創造性

フランシスと同僚たちは、1年もかからずにハーバード・ビジネススクール（ＨＢＳ）の学生のためにジェンダー文化を変えることに成功した。１００年の歴史がある同校は、女子学生や女性教員へのハラスメントが当たり前の状態になっていた。(注14)

著者たちは多くのリーダーがより強い文化を築くのを助けてきたが、文化の変化についてもっとも大切なことを教えてくれたのは、勇敢で優秀なＨＢＳの同僚たちと協力してよりよい教育環境をつくってきた経験だ。

著者たちの経験から言えば、どんな文化の問題も、小さく分解して解決することができる。ジェンダー格差のような感情的になりやすい問題でもそれは可能だ。大切なのは、過去を尊重し、それと同時に変化の緊急性を躊躇なく訴えること。コミュニティ全体が立ち上がり、変化をリードすれば、究極のエネルギーと創造性が解き放たれる。

エネルギーと創造性は、すべての変化になくてはならないものであり、この「文化を変えるためのプレイブック」でも柱となっている。著者たちがそれを最初に学んだのは、ＨＢＳの同僚たちが見せた勇気ある行動からだった。彼らは恐れることなく「真実」と向き合う姿勢を見せてくれた。

ステップ1　壊滅的なデータを集める

２０１０年になるころ、ハーバード・ビジネススクールにジェンダーの問題があることはすでに明らかだった。女性たちの不満はふくれあがり、学校のパフォーマンス指標からもさまざまな問題が見て取れる。女子学生は男子学生に比べて学業成績が振るわず、ＭＢＡプログラムへの満足度も低かった。この時点で、もう新しいデータを集める必要はなかったが、変化を測定するための新しい指標を選ばなければならなかった。そこで著者たちが選んだのは、「達成」と「センチメント」だ。どちらの指標も上昇させる方法を見つけることができれば、この挑戦が正しい方向に向かっていると確信できる。

ステップ2　情報を誰にも話さない（今のところは）

著者たちは、このデータを使ってまず何をしたか？　答えは「何もしない」だ。少なくとも当面は何もしなかった。代わりにこのデータは、ＨＢＳの新学長で、高名な組織行動学者のニティン・ノーリアの新しいビジョンに反映されることになった。

ノーリアはまず、多様なメンバーから成る新しいリーダーシップチームをつくり、フランシスを初年度のカリキュラムの責任者に指名した。そしてチーム全体に対して、すべての学生が才能を発揮できる環境を整えることを要求した（注15）。彼はチームをエンパワーし、タブーをつくらずにどんな話題も議論できるようにした。たとえ数十年にもわたって存在する前提や行動であっても、容赦なく議論の対象になる。

ステップ3　厳密で、楽観的な実験プランを作成する

著者たちは幅広い分野で変化の実験を進めた。それらの変化の根底にあるのは、メッセージのトーンを変えることだ。９００人ほどの新入生がバーデン講堂に集まった（ちなみに、この「バーデン」は人名だが、同時に「重荷」という意味もある。著者たちが負う女子学生や女性教員たちへの責任の重さをまさに象徴する名前だ）。

その年の学長の祝辞には、それまでとは違うメッセージが込められていた。「きみたちは選ばれし存在だ」というような、威勢がよく、男性的なメッセージではなく、その年の入学式で伝えられたのは、エンパワメント・リーダーシップの礎となる考え方、すなわち「目的」、「責任」、そして「他者のウェルビーイングに対する説明責任」だ。

この変化は、教室での討論だけでなく、1年にわたる新入生たちとの対話にも織り込まれていた。フランシスは学生との討論会を主催し、双方向の活発な議論を行った。

1回の参加者は90人で、1年生の全員が参加できるようにする。フランシスはこれらの討論会のたびに、学生たちのリーダーシップに対する考え方や、ＨＢＳでの経験について話し合った。

「みなさんはリーダーシップについて学ぶためにこの学校を選んだと言いました。私たちにとってリーダーシップとは、お互いを思いやるという意味です。お互いの最高の部分を引き出すという意味です。自分自身の選択に対して説明責任を果たすのはもちろん、自分が率いる人たちの選択にも説明責任を果たすという意味です。この学校の外の世界でリーダーとしての役割を果たすとき、これはあなたたちに与えられたチャンスであり、果たさなければならない責務でもあります。また、ここで学生として学ぶ間も、この基準を満たすことが求められます」

新しいメッセージを送る実験に加え、フランシスと同僚たちは、おそらくＨＢＳでもっとも神聖な人工物についても再考したいと思っていた。それは「ケースメソッド」だ。デモグラフィックによって学業成績に差が出るのは、どうやら授業に参加する姿勢の違いが主な原因になっているようだ。当時、大学は、卒業生が就職した企業から、「形のないリーダーシップ」への準備が不十分だというフィードバックを受けていた。たとえば、賢く失敗することや、包摂的なチームをつくるといったことだ。

テクノロジーを中心とする新しい経済で繁栄している企業は、小さなチームの力を活用している。小さなチームは、予測の難しい環境の中で迅速に動き、大きな夢を見ることができるからだ。ＨＢＳの教育方針でも、この種の「破壊的成功」に必要な能力の多くを教えてきたが、すべてを網羅することはできていない。

これらの現実を突きつけられたHBSは、カリキュラムで学校史上最大級の実験を行うことにした。伝統的な「ケースメソッド」に加え、より実践的な「フィールドメソッド」も取り入れたのだ。

フィールドメソッドでは、学生が小さなグループになり、リーダーシップ開発、コラボレーション、創造性といった課題に実践的に取り組む。グループで課題を終えると、今度は内省のためのツールとフィードバック・エクササイズという新しい手法を使い、学生同士で自分やお互いを正直に評価する。

教授たちは何年も前からこれらの手法を実験的に使っていたが、新入生全体を対象にした大々的な実験は初めてだった。この大胆なカリキュラムの変更によって、学生たちは自分の行動が他者に与える影響をつねに意識するようになった。ケースメソッドでは架空の事例について思考していればよかったが、フィールドメソッドでは、現実世界の中で自分という人間に責任を持つことが求められる。

この実験によって、より現実に即したMBA体験を学生に提供できるようになった。それに加えて、より多様な成功への道を学生たちに示すことで、多様性の促進にも貢献できた。新しいHBSが学生たちに求めるのは、他者への思いやり、自己認識、そして自分の弱さと向き合う能力だ。現実の世界に出て、不完全な人間として他の不完全な人間を率いる立場になったときに、これらの資質は必ず必要になる。

学生たちはHBSで、信頼を築く方法、他者を成功に導く方法、自分とは考え方が違う人たちと協力してチームをつくる方法を徹底的に教えられる。これらはリーダーシップの不変の真実であり、これらがカリキュラムに取り入れられたことによって、女子学生だけでなく、すべての学生がよりよいリーダーへと成長した。すべての学生がより厳密で、より楽観的な手法を手に入れ、前に進むことができたのだ。

このイノベーションから生まれたもう1つの副産物は、学生たちが周りの人たちを非人間化するのが難しくなったということだろう。ほんのちょっとした非人間化にも違和感を覚えるようになった。一対一の討論という親密な体験や、自分が選んだわけではないチームメイトと問題を解決するといった難しい体験、一緒に厳しい状況に立ち向かい、困難を共有する体験などを通して、学生たちはより深いレベルでお互いを知ることになった。

思い起こせば、この文化の変革のきっかけとなった出来事は、主に同級生や教師からのハラスメントだった。しかし今となっては、すべてがまるで遠い昔の出来事のように感じられる。

実験の結果はどうだったのか。女子学生と男子学生の学業成績の差は、最初の1年で完全に埋まった。MBAプログラムに対する満足度の差も、同じくらい劇的に縮まった。男子学生と女子学生の差が縮まったのはもちろん、ストレートの学生とLGBT+の学生との差、アメリカ人学生と留学生との差も縮まった――いずれも、思い出せないほど昔から存在し、学校を悩ませてきた問題だ。

実験の1年の終わりには、MBA体験に満足していると答えた学生の割合は約50パーセントから70パーセントに急上昇した。翌年以降は、その数字がさらに高くなっている。以前にHBSで学び、一度休学してから戻ってきたある学生は、改革前と改革後を経験した貴重な存在だ。彼女によると、戻ってきたときの学校は「まるで別の場所のようだった」という。

ステップ4　解決策に全員を巻き込む

その後HBSは、これらの変化の多くを正式にカリキュラムに組み込んでいった。すると、本当に魔法のようなことが起こった。教職員だけでなく、学生たちまでもが協力し、当初のアイデアを予想もしていなかった形で成長させてくれたのだ。

たとえば、「FIELD」カリキュラムへのエキサイティングなイノベーション、学生体験をデザインするより包摂的なアルゴリズム、さらにはMBA学生のための保育サービスの改善まである。

また、学生が主導して新しい倫理規程を作成する運動も起こった。コミュニティに参加する人たちが、自主的に高い基準を設定し、献身的にコミュニティに奉仕する。これこそが、潜在能力が完全に解き放たれたコミュニティだ。

自分の役職名に「文化」を加える

文化の変化が大切であることはたいていの人が認識しているが、喫緊の課題として扱われることはめったにない。志が高いのはけっこうだが、日々の業務が終わって時間があったらやればいいと考えられている。

しかし、**著者たちが知る中でもっとも成功したリーダーたちは、文化を自分たちの仕事の中心に据えている。**彼らの正式な役職はCEOだが、内心では真ん中の「E」を「C」に置き換え、自分は何よりもまず「チーフ・カルチャー・オフィサー」だと考えている。製品部やセールス部の幹部たちも、内心で自分の役職に「カルチャー」という言葉をつけ加えている。口には出さずとも、自分の職務記述書に「カルチャー」の一語を加えている。彼らの地位や役職は関係ない。

マイクロソフトのサティア・ナデラCEOと経営チームも、まさにこの考え方を取り入れ、組織の改革に成功している。マイクロソフトほどの巨大な組織ともなると、同じ社員でもめったに会わない人や、自分がめったに行かないオフィスで働いている人もいる。そんな組織でのリーダーシップは、遠くから率いるスタイル、特に文化を通して率いるスタイルにならざるを得ない。

2013年にCEOに就任すると、ナデラは文化の変化こそが自分のもっとも重要な職務だと宣言し、まっ先にその仕事に取り組んだ。彼の目標は、自分がいなくても、13万人の従業員がそれまでとは違う働き方をするようになることだ。(注16)

ナデラは手始めに、マイクロソフト社員が共有する前提を変えることにした。チーフ・ピープル・オフィサーのキャスリーン・ホーガン(第4章に登場したのを覚えているだろうか?)と緊密に連携し、いくつかの主題に関する組織全体の思い込みを変えることに、マイクロソフトの未来を賭けることにした。その主題とは、「勝利」、「敗北」、「多様性」、さらには「グループ企業の一部であること」までも含め、マイクロソフトがもっとも過敏になっている概念だ。

リーダーシップチームが一丸となり、キャロル・ドゥエックの「成長マインドセット」を取り入れることになった。成長マインドセットが浸透すれば、顧客を喜ばせる、効果的に協力する、真の意味での包摂を実現するといった新しい態度が全社に広がるはずだ。彼らはまず、自分たち幹部の間で新しいアプローチを実験的に導入した。そこから全社で導入するための、厳密で、楽観的な手法を編み出していった。(注17)

結論から言うと、マイクロソフトの挑戦は成功した。ナデラがCEOに就任したばかりのころ、マイクロソフトは苦戦していた。その5年後、現代でも有数の劇的な文化の変化を経験したこの会社は、株価が過去最高まで値上がりし、今これを書いている時点で世界最高の時価総額を誇っている。

現在のマイクロソフトは、組織全体がかつてない方法で競争し、イノベーションを起こしている。同社の戦略で、成長していない「一切れ」は1つもない。何が変わったのかと社員に尋ねてみれば、どこで誰に尋ねようとも、必ず「文化」という言葉から始まる答えが返ってくるだろう。マイクロソフトの経営陣は、記録的なスピードで組織文化の改革を成し遂げたのだ。

ナデラは就任当初から、文化を創造し、管理することが、リーダーとしてもっとも重要な仕事になると決意していた。あなたもナデラと同じ決意をしたら、いったいどんなことが起こるだろう？　あなたはどんなリーダーになるだろう？

こんなことを言うと著者としての一線を越えていると思われるかもしれないが（今さら気にする必要があるだろうか？）、**未来のあなたは自分でも想像していなかったようなリーダーになっているる**と、著者たちは信じている。一人ひとりの個人だけでなく、組織全体、さらにはそれを超えた広い世界の才能を解き放つことができるリーダーだ。個人の人生を変え、組織を変え、そして国をも変えることができるリーダーだ。

著者たちは、その世界に住みたいと思っている。そして息子たちにもその世界で育ってもらいたい。著者たちのもっとも大きな願いは、この本が後押しとなり、あなたが真のリーダーへの旅を続けていくことだ。この本に書かれたいくつかの道しるべを頼りに、周りの人たちをエンパワーするリーダーへの道をあなたに歩んでもらえたら、著者としてこれほど嬉しいことはない。

現状分析

自分を知るための質問

☑あなたにとってのリーダーシップの優先順位で、文化は現時点で何位につけているか？

☑自分の会社の文化をどんなふうにも変えられるとしたら、どこを変えるだろう？　成功の足かせになっている態度や考え方は何か？

☑自分の掲げる価値や、従業員同士のコミットメントのうち、中身が伴わなくなってきたもの、あるいは「兵器化」さえされているものはあるか？　成功には欠かせないが、現在の文化には欠けている価値はあるか？

☑リーダーとして過去に成功できたのは、自分にどんな信念や態度があったからか？　リーダーとしての未来を考えたとき、それらの中で進化させなければならないもの、捨てなければならないものはあるか？

☑リーダーとしての優先順位で組織の文化をトップに据えるとしたら、あなたは何を変えるだろう？　誰、あるいは何に、もっと注意を向けるべきだろうか？

13. ライアットの内部調査データ。収集は2019年11月。
14. Jerry Useem, "Harvard Business School's 'Woman Problem,'" *Inc.,* June 1, 1998, https://www.inc.com/magazine/19980601/940.html.
15. チームのメンバーは、MBAプログラムリーダーのYoungme Moon、MBA選択科目リーダー（2年度）のTom Eisenmann、文化・コミュニティリーダーのRobin Elyなど。
16. Satya Nadella, G reg Shaw, and Jill Tracie Nichols, *Hit Refresh: The Quest to Rediscover Microsoft's Soul and Imagine a Better Future for Everyone* (New York: Harper Business, 2017).（『Hit Refresh（ヒット・リフレッシュ）』日経BP）
17. Ibid, 4–11, 80–95.

youtube.com/watch?v=KPbKeNghRYE.
26. ここではアンのライティングの教師の１人であるすばらしいRhoda Flaxmanの言葉を言い換えた。Flaxmanはブラウン大学でイギリス・アメリカ文学を教えるとともに、同校の「カリキュラムを超えたライティング」プログラムを統括する。ヴィクトリア朝文学に関する著作がある。
27. Jan Carlzon, *Moments of Truth* (New York Harper Business, 1987).
(『真実の瞬間』ダイヤモンド社)
28. Ibid., 88.
29. Elizabeth Dunn, “Momofuku’s Secret Sauce: A 30-Year-Old C.E.O.,”*New York Times,* August 16, 2019, https://www.nytimes.com/2019/08/16/business/momofuku-ceo-marguerite-mariscal.html.
30. Tsedal Neeley, *The Language of Global Success: How a Common Tongue Transforms Multinational Organizations* (Princeton, NJ: Princeton University Press, 2017).
(『英語が楽天を変えた』河出書房新社)

第６章

1. Michael Basch, *Customer Culture: How FedEx and Other Great Companie sPut the Customer First Every Day* (Upper Saddle River, NJ: Prentice Hall PTR, 2003), 8.
2. Edger H. Schein, *Organizational Culture and Leadership* (San Francisco: Jossey-Boss, 1991).（『組織文化とリーダーシップ』白桃書房）
3. Norm Brodsky, “Learning from JetBlue,” *Inc.,* March 1, 2004.
4. Schein, *Organizational Culture and Leadership,* 2.
5. Nancy Hass, “And the Award for the Next HBO Goes To...,” *GQ,*January 29, 2013, https://www.gq.com/story/netfl ix-founder-reed-hastingshouse-of-cards-arrested-development.
6. この話の全容は、McCordのすばらしい著書『Powerful: Building a Culture of freedom and Responsibility』（USA: Silicon Guild, 2017）で読むことができる。
(『NETFLIXの最強人事戦略』光文社)
7. Mike Isaac, *Super Pumped: The Battle for Uber* (New York: W. W. Norton & Company, Inc., 2019), 265.（『ウーバー戦記』草思社）
8. 正しい文化を構築したいと思うなら、Susan Fowlerの『Whistleblower: My Journey to Silicon Valley and Fight for Justice at Uber』（New York: Viking, 2020）を読まなければならない。
9. 著者たちはJerry Colonnaのような世界クラスのコーチの仕事を尊敬している。リーダーが自分の個人史のせいで組織を機能不全に陥らせることがないように手助けをするのがColonnaの仕事であり、彼はこの仕事にキャリアを捧げている。彼はその体験を『Reboot: Leadership and the Art of Growing Up』（New York: Harper Business, 2019）というすばらしい著作にまとめている。
10. Dara Khosrowshahi, “Uber’s New Cultural Norms,” LinkedIn (blog),November 7, 2017, https://www.linkedin.com/pulse/ubers-new-culturalnorms-dara-khosrowshahi/.
11. Cecilia D’Anastasio, “Inside the Culture of Sexism at Riot Games,”Kotaku, August 7, 2018, https://kotaku.com/inside-the-culture-of-sexism-atriot-games-1828165483.
12. Riot Games, “Our First Steps Forward,” News, Riot website, August 29,2018, https://www.riotgames.com/en/who-we-are/our-fi rst-steps-forward.

Boston, September 2017)。同僚であり、友人でもあるFelixは、戦略の原則を深く理解し、それを美しい文章でわかりやすく表現する。彼のすばらしい著作『Value-Based Strategy: A Guide to Understanding Exceptional Performance』は近々出版される予定だ。

8. この枠組みは価値に基づいた戦略を表現している。これはMichael Porter、Adam Brandenburger、Harbone Stuartの理論を基盤とした戦略的マネジメントに対する1つのアプローチだ。
9. David Yoffi e and Eric Baldwin, "Apple Inc. in 2015," Case 715-456 (Boston: Harvard Business School, 2015).
10. Tim O'Reilly, *WTF: What's the Future and Why It's Up to Us* (New York: Harper Business, 2017).(『WTF経済』オライリージャパン)
11. Tony Hsieh, *Delivering Happiness* (New York: Grand Central Publishing, 2010), 185-186.(『ザッポス伝説』ダイヤモンド社)
12. Ibid., 187–188.
13. Zeynep Ton, *The Good Jobs Strategy: How the Smartest Companies Invest in Employees to Lower Costs and Boost Profi ts* (New York: Houghton Miffl in, 2014).
14. QuikTrip, "QuikTrip Opens 800th Store, Celebrates Huge Growth Milestone in Its 60-Year History," *QuikTrip News,* April 3, 2019, https://www.quiktrip.com/About/News/quiktrip-opens-800th-store-celebrates-hugegrowth-milestone-in-its-60-year-history.
15. Joe Nocera, "The Good Jobs Strategy," *New York Times,* July 7, 2015. https://www.nytimes.com/2015/07/07/opinion/joe-nocera-the-good-jobsstrategy. html.
16. Neil Irwin, "Maybe We're Not All Going to Be Gig Economy Workers after All," *New York Times,* September 15, 2019, https://www.nytimes.com/2019/09/15/upshot/gig-economy-limits-labor-market-uber-california.html.
17. David Gelles, "Stacy Brown-Philpot of TaskRabbit on Being a Black Woman in Silicon Valley," *New York Times,* July 13, 2018, https://www.nytimes.com/2018/07/13/business/stacy-brown-philpot-taskrabbit-corneroffice.html.
18. David Lee, "On the Record: TaskRabbit's Stacy Brown-Philpot," *BBC News,* September 15, 2019, https://www.bbc.com/news/technology-49684677.
19. Casey Newton, "TaskRabbit Is Blowing Up Its Business Model and Becoming the Uber for Everything," The Verge, June 17, 2014, https://www.theverge.com/2014/6/17/5816254/taskrabbit-blows-up-its-auction-house-tooffer-services-on-demand.
20. Lee, "On the Record: TaskRabbit's Stacy Brown-Philpot."
21. James K. Willcox, "Cable TV Fees Continue to Climb," *Consumer Reports,* October 15, 2019, https://www.consumerreports.org/tv-service/cable-tv-fees/.
22. Steven J. Spear and H. Kent Bowen, "Decoding the DNA of the Toyota Production System," *Harvard Business Review,* September 1, 1999.
23. Shawn Achor et al., "9 Out of 10 People Are Willing to Earn Less Money to Do More-Meaningful Work," *Harvard Business Review,* November 6, 2018.
24. Brittain Ladd, "Amazon CEO Jeff Bezos Believes This Is the Best Way to Run Meetings," *Observer,* June 10, 2019, https://observer.com/2019/06/amazon-ceo-jeff-bezos-meetings-success-strategy/.
25. "Amazon CEO Jeff Bezos: It Is Always Day One," YouTube, 2018,https://www.

Touch to the Tech Giant," *InStyle,* November 7, 2019, https://www.instyle.com/celebrity/deirdre-obrien-apple-badass-women.

21. Shana Lebowitz, "Microsoft's HR Chief Reveals How CEO Satya Nadella Is Pushing to Make Company Culture a Priority, the Mindset She Looks for in Job Candidates, and Why Individual Success Doesn't Matter as Much as It Used To," *Business Insider,* August 16, 2019, https://www.businessinsider.com/microsoft-hrchief-kathleen-hogan-company-culture-change-satya-nadella-2019-8.
22. 現在はスタンフォード大学で教えるフランク・フリン教授が、コロンビア大学時代に「ハイディ・ロイゼン」の実験（Kathleen L. McGinn and Nicole Tempest, "Heidi Roizen," Case 800-228 [Boston: Harvard Business School, 2000; revised 2010.].）を元にこの実験を開発した。見事な教授法だ。
23. Rachel Bachman, "U.S. Women's Soccer Games Outearned Men's Games," *Wall Street Journal,* June 17, 2019, https://www.wsj.com/articles/u-s-womens-soccer-games-out-earned-mens-games-11560765600.
24. John A. Byrne, "Harvard B-school Dean Offers Unusual Apology," *Fortune,* January 29, 2014, https://fortune.com/2014/01/29/harvard-b-school-deanoffers-unusual-apology.

第5章

1. 世界有数の戦略オペレーターと隣り合って働くという好運に加え、数多くの経験が著者たちの戦略に対する理解に深い影響を与えてきた。フランシスはHBSで必修科目の「戦略」を教えたことがある。この戦略コースでは、Michael Porter、Jan Rivkin、Bharat Anandをはじめ、HBS戦略ユニットの数多くのすばらしい教授陣の仕事を理論の基礎として採用している。また、アンは長年にわたってOTFと一緒に仕事をしてきた。OTFは国際的コンサルティング会社であり、Michael Porterの理論と枠組みを活用して新興経済における競争力の育成を目指している。
2. *Frances Frei and Anne Morriss, Uncommon Service: How to Win by Putting Customers at the Core of Your Business* (Boston: Harvard Business Review Press, 2012).
(『ハーバード・ビジネススクールが教える顧客サービス戦略』日経BP)
3. 「特性マップ」は一種の視覚化ツールであり、考案者は同僚のJan Rivkinだ。これを使うと、カギとなる製品特性の市場区分におけるランキングを基準に、企業のパフォーマンスをライバルと比較して測定することができる。
4. James L. Heskett, "Southwest Airlines 2002: An Industry under Siege," Case 803-133 (Boston: Harvard Business School, 2003); and Frances X. Frei and Corey B. Hajim, "Rapid Rewards at Southwest Airlines," Case 602-065 (Boston: Harvard Business School, 2001; revised 2004).
5. 著者たちはこの話を、HBSベイカー基金の偉大な教授、Earl Sasserから聞いた。2006年12月のことだ。拙著『Uncommon Service』の中でもさらに詳しく紹介している。
6. Patty Azzarello, *Rise: 3 Practical Steps for Advancing Your Career,Standing Out as a Leader, and Liking Your Life* (New York: Ten Speed Press,2012).
7. このセクションで紹介したアイデアの多くは、フランシスがFelix Oberholzer-Geeと共同で執筆した「Better, Simpler Strategy」という小論文でも言及されている（Frances X. Frei and Felix Oberholzer-Gee, "Better, Simpler Strategy," Baker Library,

Wall Street Journal, October 24, 2019, https://www.wsj.com/articles/the-fall-of-wework-how-a-startup-darling-came-unglued-11571946003.

5. TED, "The TED Interview: Frances Frei's Three Pillars of Leadership," *A TED Original Podcast,* Podcast audio, November 2019, https://www.ted.com/talks/the_ted_interview_frances_frei_s_three_pillars_of_leadership.
6. 女性管理職の登用に関して、応用研究と実践支援の両面ですばらしい仕事をしている2つの組織は、スタンフォード大学のVMware Women's Leadership Innovation LabとLeanIn.orgだ。すぐに実践できる最初のステップは、これらが発行しているニューズレターを購読することだろう。
7. Alex Coop, "Leaders in Davos Stress Diversity and Inclusion of Women in Tech," IT Business, January 26, 2018, https://www.itbusiness.ca/news/leaders-in-davos-stress-diversity-and-inclusion-of-women-in-tech/98784.
8. Alison M. Konrad, Vicki Kramer, and Sumru Erkut, "Critical Mass: The Impact of Three or More Women on Corporate Boards," *Organizational Dynamics* 37, no. 2 (2008): 145–164.
9. Paul Solman, "How Xerox Became a Leader in Diversity—and Why That's Good for Business," *PBS News Hour,* September 15, 2014, https://www.pbs.org/newshour/economy/xerox-employees-arent-carbon-copies.
10. この仕事はほぼMatt Jahansouzの功績だ。彼は多様な業種からさまざまな背景を持つ人たちを集め、急成長する会社のペースに合わせてチームを結成した。
11. Dave Itzkoff, "Samantha Bee Prepares to Debut 'Full Frontal,' "*New York Times,* January 6, 2016, https://www.nytimes.com/2016/01/10/arts/television/samantha-bee-prepares-to-break-up-late-night-tvs-boys-club.html.
12. Ibid.
13. National Public Radio (NPR), "Only 3 Minority Head Coaches Remain in the NFL Ahead of Post-Season Play," https://www.npr.org/2019/01/04/682350052/only-3-minority-head-coaches-remain-in-the-nfl-ahead-ofpost-season-play.
14. Catherine E. Harnois and João L. Bastos, "Discrimination, Harassment, and Gendered Health Inequalities: Do Perceptions of Workplace Mistreatment Contribute to the Gender Gap in Self-reported Health?" *Journal of Health and Social Behavior* 59, no. 2 (2018): 283–299.
15. 健全で安全な職場をつくるときに助けになるリソースは無数にある。手始めにアメリカ雇用機会均等委員会（EEOC）による「promising practices」の要約を読むことをおすすめする。https://www.eeoc.gov/eeoc/publications/promising-practices.cfm
16. Amy Edmondson, *The Fearless Organization* (Hoboken, NJ: John Wiley & Sons, Inc., 2019), xvi.
17. Amy Elisa Jackson, "Why Salesforce's New Equality Chief Is Thinking Beyond Diversity," *Fast Company,* March 20, 2017, https://www.fastcompany.com/3069082/why-salesforces-new-equality-chief-is-thinking-beyond-diversity.
18. Zing Tsjeng, "Teens These Days Are Queer AF, New Study Says," *Vice,*March 10, 2016, https://www.vice.com/en_us/article/kb4dvz/teens-these-daysare-queer-af-new-study-says.
19. "Curriculum," The Safe Zone Project, https://thesafezoneproject.com/curriculum/.
20. Shalayne Pulia, "Meet Deirdre O'Brien, the Apple Executive Bringing a Human

3. Ibid., 65.
4. Kevin Kelleher, "AMD's 50-Year Tug-of-War with Intel Just Took an Interesting Turn," *Fortune,* May 29, 2019, https://fortune.com/2019/05/28/amdintel-ryzen/.
5. Lydia Dishman, "How This CEO Avoided the Glass Cliff and Turned around an 'Uninvestable' Company," *Fast Company,* September 10, 2018, https://www.fastcompany.com/90229663/how-amds-ceo-lisa-su-managed-toturn-the-tech-company-around.
6. 著者たちは15年前から、この枠組みをラミネート加工したカードにして学生たちにわたしている。今では世界のさまざまな場所で、著者たちからわたされたカードを大切に持っている人たちに出会うようになった。長年にわたって財布の中などに入れて持ち歩いているために、破れたり、黄色っぽく変色していたりするが、彼らはみなこのカードが自分の人生を変えたと言ってくれる。著者たちはこのような瞬間のために生きている。
7. 友人のエイミー・エドモンドソンも似たような枠組みを提唱している。心理的安全性に関する自身の研究と、名著『The Fearless Organization』から導き出したものだ。彼女の枠組みによると、最高のパフォーマンスは高い基準と高い心理的安全性から生まれる。(『恐れのない組織』英治出版)
8. "Peru: Journey to Self-Reliance FY 2019 Country Roadmap," USAID, https://selfreliance.usaid.gov/country/peru.
9. Maximus, *Memorable Doings and Sayings,* 82.
10. Ibid., 84.
11. Carol Dweck, *Mindset: The New Psychology of Success* (New York: Random House, 2006), 71–72.(『マインドセット』草思社)
12. Marcus Buckingham and Ashley Goodall, "The Feedback Fallacy," *Harvard Business Review,* March– April 2019.
13. Walter Isaacson, "The Real Leadership Lessons of Steve Jobs," *Harvard Business Review,* April 2012, https://hbr.org/2012/04/the-real-leadershiplessons-of-steve-jobs.
14. Ibid.
15. Jolie Kerr, "How to Talk to People, According to Terry Gross," *New York Times,* November 17, 2018, https://www.nytimes.com/2018/11/17/style/self-care/terry-gross-conversation-advice.html.

第4章

1. この分野で優れた思想家や学者はあまりにもたくさんいて、ここですべての人の名前をあげて讃えることはできないが、著者たちが最近特に刺激を受けた人たちは次の通りだ。Modupe Akinola、Melinda Gates(そう、あのメリンダ・ゲイツだ)、Boris Groysberg、Denise Lewin Lloyd、Anthony Mayo、Lauren Rivera、Laura Morgan Roberts。人種とジェンダーの平等について学びたいなら彼らの仕事から始めよう。生涯忘れられない知の冒険になるはずだ。
2. AnitaB.org, "Homepage," https://ghc.anitab.org.
3. Pamella de Leon, "Entrepreneur Middle East's Achieving Women 2019:Cammie Dunaway, Chief Marketing Officer, Duolingo," *Entrepreneur,* September 22, 2019, https://www.entrepreneur.com/article/339699.
4. Maureen Farrell et al., "The Fall of WeWork: How a Startup Darling Came Unglued,"

bostonomix/2017/12/21/uber-hires-frances-frei.
22. Mike Isaac, "How Uber Deceives the Authorities Worldwide," Technology, *New York Times,* March 3, 2017, https://www.nytimes.com/2017/03/03/technology/uber-greyball-program-evade-authorities.
23. Kara Swisher, "Uber CEO Travis Kalanick Says the Company Has Hired Former Attorney General Eric Holder to Probe Allegations of Sexism," *Vox,*February 20, 2017, https://www.vox.com/2017/2/20/14677546/uber-ceo-traviskalanick-eric-holder-memo.
24. Special Committee of the Board, "Covington Recommendations"(Google Doc, 2017), https://drive.google.com/fi le/d/0B1s08BdVqCgrUVM4UHBpTGROLXM/view.
25. Sasha Lekach, "Uber Drivers Really Wanted In-app Tipping for a Reason:$600 Million Made in First Year," Tech, Mashable, June 21, 2018, https://mashable.com/article/uber-tipping-600-million-first-year/.
26. Johana Bhuiyan, "Uber's Sleek New Product? Your Safety," *Vox,* September6, 2018, https://www.vox.com/2018/9/6/17824294/uber-safety-productfeatures.
27. Sheelah Kolhatkar, "At Uber, a New C.E.O. Shifts Gears," *New Yorker,*March 30, 2018, https://www.newyorker.com/magazine/2018/04/09/at-ubera-new-ceo-shifts-gears; Dara Khosrowshahi, "A New Future for Uber and Grab in Southeast Asia," Uber Newsroom, March 26, 2018, https://www.uber.com/newsroom/uber-grab/.
28. フランシスはこの仕事の中心部分についてカラ・スウィッシャーと時間をかけて話し合い、ここで用いたアプローチを他の会社でも応用する方法を考えた。この会話の完全な書き起こしは以下のURLで読むことができる。https://www.vox.com/2017/8/4/16092766/transcript-uber-svp-leadership-diversity-women-culture-frances-frei-live-onstage-recode-decode.
29. Leslie Hook, "Can Frances Frei Fix Uber?" Uber Technologies Inc., *Financial Times,* September 10, 2017, https://www.ft.com/content/a64de182-93b2-11e7-a9e6-11d2f0ebb7f0.
30. Kara Swisher, "Uber's Culture Fixer, Frances Frei, Is Leaving the Company," *Vox,* February 27, 2018, https://www.vox.com/2018/2/27/17058348/uber-culture-frances-frei-depart-travis-kalanick-dara-khosrowshahi-harvardbusiness-school.
31. Mike Isaac, "Uber Sells Stake to SoftBank, Valuing Ride-Hailing Giant at $48 Billion," Technology, *New York Times,* December 28, 2017, https://www.nytimes.com/2017/12/28/technology/uber-softbank-stake.htm.

第3章

1. 著者たちにウァレリウス・マクシムスのことを教えてくれたのは、ハーバード大学の優秀な教授のエマ・デンチだ。彼女には他にも「この世を去って久しい」友人たちを教えてもらい、心から感謝している。2015年秋、エマとフランシスはMBAの学生を対象に「Leadership Lessons from Ancient Rome」（古代ローマから学ぶリーダーシップのレッスン）という講義を共同で行った。この経験によって、過去と現在に関する著者たちの考えが大きく変わり、過去と現在が密接に結びついていることも認識できるようになった。この章はそのときの学びに捧げている。
2. Valerius Maximus, *Memorable Deedss and Sayings, Volume II: Books6–9,* ed. D. R. Shackleton Bailey (Cambridge, MA: Harvard University Press, 2000).

December 6, 2017, https://time.com/5052617/patagonia-ceosuing-donald-trump/.
9. Alana Semuels, " 'Rampant Consumerism Is Not Attractive.' Patagonia Is Climbing to the Top—and Reimagining Capitalism Along the Way," *Time,* September 23, 2019, https://time.com/5684011/patagonia/.
10. Michael Corkery, "Walmart Says It Will Pay for Its Workers to Earn College Degrees," *New York Times,* May 30, 2018, https://www.nytimes.com/2018/05/30/business/walmart-college-tuition.html.
11. Paulo Freire, *Teachers as Cultural Workers: Letters to Those Who Dare to Teach* (Boulder, CO: Westview Press, 1998).
12. Victoria L. Brescoll and Eric Luis Uhlmann, "Can an Angry Woman Get Ahead? Status Conferral, Gender, and Expression of Emotion in the Workplace," *Psychological Science* 19, no. 3 (2008): 268–275, https://www.jstor.org/stable/40064922 ; Adia Harvey Wingfi eld, "The Modern Mammy and the Angry Black Man: African American Professionals' Experiences with Gendered Racism in the Workplace," *Race, Gender, & Class* 14, no. 1/2 (2007): 196–212, https://www.jstor.org/stable/41675204.
13. Amy Edmondson, *The Fearless Organization* (Hoboken, NJ: John Wiley & Sons, Inc., 2018).（『恐れのない組織』英治出版）
14. Ibid., 45.
15. David Gigone and Reid Hastie, "The Common Knowledge Effect: Information Sharing and Group Judgment," *Journal of Personality and Social Psychology* 65, no. 5 (1993): 959–974.
16. 著者たちの好きなマインドフルネス伝道師の1人は、ABCニュースのキャスターで、『10% Happier: How I Tamed the Voice in My Head, Reduced Stress without Losing My Edge, and Found Self-Help That Actually Works-A True Story』（New York: Harper Collins, 2014）の著者であるダン・ハリスだ。これはすばらしい本で、放送中にパニックアタックを起こしたことから、もはやネガティブ思考にとらわれなくなるまでのハリスの個人史が綴られている。（『10% HAPPIER』大和書房）
17. Anne Morriss, Robin J. Ely, and Frances Frei, "Managing Yourself: Stop Holding Yourself Back," *Harvard Business Review,* January– February 2011.
18. Christina Pazzanese, "Teaching Uber instead of HBS Students," Business & Economy, *Harvard Gazette,* June 6, 2017, https://news.harvard.edu/gazette/story/2017/06/harvard-business-school-professor-to-tackle-uberscontroversial-internal-culture/
19. Mike Isaac, "Inside Uber's Aggressive, Unrestrained Workplace Culture," Technology, *New York Times,* February 22, 2017, https://www.nytimes.com/2017/02/22/technology/uber-workplace-culture; Rani Molla, "Half of U.S. Uber Drivers Make Less Than $10 an Hour after Vehicle Expenses, According to New Study," *Vox,* October 2, 2018, https://www.vox.com/2018/10/2/17924628/uber-drivers-make-hourly-expenses.
20. Leslie Hook, "Can Uber Ever Make Money?," Uber Technologies Inc., *Financial Times,* June 22, 2017, https://www.ft.com/content/09278d4e-579a-11e7-80b6-9bfa4c1f83d2.
21. Asma Khalid, "Uber Taps Harvard Business School's Frances Frei to Turn Company in Right Direction," WBUR, December 21, 2017, https://www.wbur.org/

原注

第1章

1. この定義の初期バージョンは、同僚のRobin Elyと共同で執筆し、『Harvard Business Review』（January-February 2011）に寄稿した「Stop Holding Yourself Back」という記事で紹介した。Robinは著者たちにとって重要なコラボレーターであり、個人的にも仕事上でも大きな刺激を受けている。彼女は著者たちを成長させてくれる。
2. David Gelles, “Stacy Brown-Philpot of TaskRabbit on Being a Black Woman in Silicon Valley,” *New York Times,* July 13, 2018, https://www.nytimes.com/2018/07/13/business/stacy-brown-philpot-taskrabbit-corner-office.html.
3. Dave Lee, “On the Record: TaskRabbit’s Stacy Brown-Philpot,” *BBC News,* September 15, 2019, https://www.bbc.com/news/technology-49684677.
4. Reid Hoffman, “Keep Humans in the Equation—with TaskRabbit’s Stacy Brown-Philpot,” *Masters of Scale* (podcast), October 9, 2019, https://mastersofscale.com/stacy-brown-philpot-keep-humans-in-the-equation-masters-of-scale-podcast/.
5. “The Reid Hoffman Story—Make Everyone a Hero,” WaitWhat, *Masters of Scale* (podcast), October 23, 2019, https://mastersofscale.com/reid-hoffman-make-everyone-a-hero/.
6. “Claire Hughes Johnson: How Stripe’s COO Approaches Company Building,” Lattice, YouTube, May 15, 2018, https://www.youtube.com/watch?v=vIHKzRub7ts.
7. Gen. Martin E. Dempsey, “Mission Command White Paper,” Office of the Chairman of the Joint Chiefs of Staff, Washington, DC, April 2012.
8. Gallup, *State of the Global Workforce* (New York: Gallup Press, 2017).

第2章

1. Susan Fowler, “Refl ecting on One Very, Very Strange Year at Uber,” *Susan Fowler* (blog), February 19, 2017, https://www.susanjfowler.com/blog/2017/2/19/reflecting-on-one-very-strange-year-at-uber.
2. 神出鬼没のジャーナリスト、起業家、そしてテック業界の良心であるカラ・スウィッシャーは、より強いリーダーシップと説明責任を確立することがテック業界の急務であると日ごろから訴えている。
3. これらの考え方は、フランシスのTEDトーク「How to Build (and Rebuild) Trust」にも登場した（TED Talk, TED 2018, Vancouver, April 13, 2018）。
4. Ethan S. Bernstein and Stephen Turban, “The Impact of the ‘Open’Workspace on Human Collaboration,” *Philosophical Transactions of the Roya lSociety B: Biological Sciences* (2018).
5. この図をついに完成させることができたのはTien Larsonのおかげだ。
6. Yvon Chouinard, *Let My People Go Surfi ng: The Education of a Reluctant Businessman—Including 10 More Years of Business Unusual* (New York: Penguin Books, 2016), 1.（『新版　社員をサーフィンに行かせよう』ダイヤモンド社）
7. Jeff Beer, “How Patagonia Grows Every Time It Amplifi es Its Social Mission,” *Fast Company,* February 21, 2018, https://www.fastcompany.com/40525452/how-patagonia-grows-every-time-it-amplifies-its-social-mission.
8. Rose Marcario, “Patagonia CEO: This Is Why We’re Suing President Trump,” *Time,*

本書に関するおことわり

本書に登場する洞察や実例の多くは、特定の組織と一緒に仕事をした経験から導き出された。個人的に一緒に仕事をした場合もあれば、モリス・グループなど、著者たちが設立した組織として共に働いた場合もある。

著者たちは、ライアットゲームズ、ウーバー、ＷｅＷｏｒｋをはじめ、本書に登場する組織の多くに対して積極的に助言を行ってきた。それに加えて、フランシスはハーバード・ビジネススクールのエグゼクティブ教育プログラムや、個人的なエグゼクティブ教育の場で幅広く教えた経験を持ち、本書に登場する企業の多くでリーダーを務める人たちと積極的に関わってきた。

そして最後に、本書に登場する企業のいくつかは、ザ・リーダーシップ・コンソーシアム（ＴＬＣ）のクライアントだ。ＴＬＣは著者たちが設立した組織で、現在はアンがエグゼクティブファウンダーを務めている。これらの企業はＴＬＣリーダーズ・プログラムを通じて能力の高いリーダーを送り出してきた。このプログラムの主な目的は、女性とピープル・オブ・カラーを幹部職に向けて訓練することだ。

謝辞

このプロジェクトを終えるにあたり、あらゆる種類の感情がわきあがってきている。ここまで到達できたことへの安堵感、さらに努力するという決意、そしてやむをえず書けない内容もあったという後悔。しかし何よりも強い感情は、この本の実現に力を貸してくれた人たちへの深い感謝の念だ。

まず、勇敢なリサーチチーム、特に中心メンバーのケイティ・ボーランとフランチェスカ・イーリー＝スペンスの才能とハードワークに深い感謝を。あくまで真実を追究する彼らの姿勢のおかげでよりよい本にすることができた。

ハーバード・ビジネス・レビュー・プレスのすばらしいチームは、最初の段階から本書のアイデアを守り、大切に育ててくれた。ビジョナリーであり編集者のメリンダ・メリノには特に感謝している。彼女はそのスキル、明晰さ、忍耐力、そして伝染力の高い可能性を信じる心で、つねに著者たちを導いてくれた。

初期バージョンの読者たちのおかげでさまざまな失敗を未然に防ぐことができた。エミー・バーニング、エマ・デンチ、カルロス・フローレス、セダール・ニーリー、サラ・シュッツ、メリッサ・スタティアズ、リビー・サッカー。デイヴィッド・A・プライスは、その豊かなデザインの才能で本書に登場する図表の多くにも貢献してくれた。

ハーバード・ビジネススクールの仲間たちは、個人的にも、仕事上でも、数十年にわたってこの冒険を共にしてくれた。中でもエイミー・エドモンドソン、ロビン・イーリー、ジャン・ハモンド、ヨンメ・ムーン、ニティン・ノーリアの友情とリーダーシップ、そして知的勇気には特別な感謝を。これまで可能なかぎり、彼らの思想が著者たちを形づくってきたことに言及し、敬意を示してきたが、彼らの影響力の大きさを考えると、どんなに言葉を尽くしても敬意を十分に伝えることは不可能だ。ヨンメの名前はこの本にあまり登場しないが、彼女が著者たちとハーバード・ビジネススクールに与えた影響の大きさは計り知れない。特に、HBSの文化改革で彼女が発揮したリーダーシップは、著者たちの野心的な目標も可能だと信じる気持ちに深く影響を与えた。

すばらしい2人の息子、アレックとベンに感謝を。この本を書いている間、著者たちに刺激を与え、支え、そしていろいろと我慢してくれてありがとう。あなたたちがいつも深く愛されていることを忘れないで。大切な家族と友人たちには、著者たちを執筆に専念させてくれたことに感謝する。たまに姿を消しても理解してくれてどうもありがとう。また、自宅のすばらしいサポートチームのおかげで、育児と仕事を両立することができたこともつけ加えておきたい。これはあなたたちがいなければ不可能だっただろう。

著者たちは数え切れないほどの作家たちから、その作品とビジョンを通して影響を受けてきた。また彼らは、恐れを知らないアーティストとして、ときにはあの世からも、つねに観衆を要求してくる。本書を執筆しながら、著者たちは何度も彼らが示したお手本と、彼らが残した影響に思いを馳せた。ここに代表的な人たちの名前をあげるが、もちろんこれがすべてではない。レイチェル・ヘルド・エヴァンズ、クラリッセ・リスペクトール、トニ・モリスン、大切な友人のカーティス・シッテンフェルド、ルシアン・トラスコット、ジャネット・ウィンターソン。

そして最後に、これまで研究の対象にするという栄誉に預からせてくれたすべての卓越したリーダーたちへ。本書に登場するのはその中のほんの一部だ。この本はあなたのための本というだけでなく、あなたによる本であり、そして多くの意味であなたの本だ。あなたの勇気、知恵、そしてリーダーシップの道を人々とシェアしようという意志から力をもらった人たちの名前をあげれば、とても長いリストになるだろう。著者たちもそのリストに名を連ねている。

著者略歴

フランシス・フライ（Frances Frei）

ハーバード・ビジネススクール教授。ウーバー初のリーダーシップ・戦略担当副社長に就任し、リーダーシップと文化に関する大きな問題が明るみに出て危機に陥った同社の再建を牽引した。大規模な変化や組織変革を目指す企業と共に働き、多様性と包摂を活用してパフォーマンスを向上させるなど、さまざまな活動でリーダーをサポートしている。信頼構築に関するTEDトークは再生回数が400万回を超えた。

アン・モリス（Anne Morriss）

人気のリーダーシップコーチ。多様なリーダーの育成を目指す世界初の試み、ザ・リーダーシップ・コンソーシアムのエグゼクティブファウンダー。コラボレーターは、生まれたばかりのテック企業創業者からFortune 50企業のエグゼクティブ、国の競争力を高めることを目指す公共セクターのリーダーまで多岐にわたる。20年にわたってミッション主導の事業を率い、最新の肩書きはジーンピークスのCEO兼創業者。ジーンピークスは、健康に関する個人情報の質を高めたいという差し迫ったニーズに応えるスタートアップだ。

フライとモリスの共著はベストセラー『ハーバード・ビジネススクールが教える顧客サービス戦略』（日経BP）がある。

［訳者略歴］

桜田　直美（さくらだ・なおみ）

翻訳家。早稲田大学第一文学部卒。訳書は、『アメリカの高校生が学んでいるお金の教科書』『アメリカの高校生が学んでいる経済の教室』（いずれも、SBクリエイティブ）、『より少ない家大全』『THE CULTURE CODE 最強チームをつくる方法』（いずれも、かんき出版）、『ロングゲーム 今、自分にとっていちばん意味のあることをするために』（ディスカヴァー・トゥエンティワン）、『The Number Bias 数字を見たときにぜひ考えてほしいこと』（サンマーク出版）など多数。

編集　大隅 元（PHP研究所）

世界最高のリーダーシップ
「個の力」を最大化し、組織を成功に向かわせる技術

2023年2月6日　第1版第1刷発行
2023年3月6日　第1版第2刷発行

著　者　フランシス・フライ
　　　　アン・モリス
訳　者　桜田直美
発行者　永田貴之
発行所　株式会社PHP研究所
東京本部　〒135-8137 江東区豊洲5-6-52
　ビジネス・教養出版部　☎03-3520-9619（編集）
　普及部　☎03-3520-9630（販売）
京都本部　〒601-8411 京都市南区西九条北ノ内町11
PHP INTERFACE　https://www.php.co.jp/

装　幀　小口翔平＋畑中 茜（tobufune）
組　版　有限会社エヴリ・シンク
印刷所
製本所　大日本印刷株式会社

ISBN978-4-569-85415-1